全国高职高专汽车类"工学结合-双证制"人才培养"十二五"规划教材

汽车电工电子技术基础实验实训指导书

主　编　王建华
副主编　江　军　刘金云　黄　琳

华中科技大学出版社
中国·武汉

内 容 提 要

根据高职高专院校的人才培养目标,针对"工学结合-双证制"新的高职教育教学理念,以项目教学为引领,以工作任务为主线,理论与实践相结合,知识与能力相并重,在湖北工业职业技术学院江军等老师编写的《汽车电工电子技术基础》教材的基础上,结合教学实践,编写了本书,以满足教师和学生在实验实训环节的需要。全书共十二个实验项目和两个实训项目。实验部分包括:实验一 操作规程概述及安全用电基本常识;实验二 万用表的使用及常用电子元器件的识别与检测;实验三 基尔霍夫定律和叠加原理的验证;实验四 戴维南定理的验证;实验五 日光灯电路及其功率因数提高;实验六 单级共射放大电路;实验七 运算放大器基本运算及其应用;实验八 基本逻辑门电路实验;实验九 组合逻辑电路的设计;实验十 用74LS160组成 N 进制计数器;实验十一 时序逻辑电路(计数器和寄存器)设计;实验十二 三相异步电动机直接启动控制。实训部分包括:实训项目Ⅰ TY360型万用表组装;实训项目Ⅱ HX108 收音机组装。

本书可以作为高职院校汽车专业及相关专业的"汽车电工电子技术基础"课程实验实训教学指导书,也可以作为广大汽车检验从业人员的参考书。

图书在版编目(CIP)数据

汽车电工电子技术基础实验实训指导书/王建华主编.—武汉:华中科技大学出版社,2015.10

全国高职高专汽车类"工学结合-双证制"人才培养"十二五"规划教材

ISBN 978-7-5680-1291-1

Ⅰ.①汽⋯ Ⅱ.①王⋯ Ⅲ.①汽车-电工技术-高等职业教育-教学参考资料 ②汽车-电子技术-高等职业教育-教学参考资料 Ⅳ.①U463.6

中国版本图书馆 CIP 数据核字(2015)第 245037 号

汽车电工电子技术基础实验实训指导书　　　　　　　　　王建华　主编

策划编辑:	严育才
责任编辑:	姚　幸
封面设计:	原色设计
责任校对:	曾　婷
责任监印:	张正林
出版发行:	华中科技大学出版社(中国·武汉)
	武昌喻家山　　邮编:430074　　电话:(027)81321913
录　排:	华中科技大学惠友文印中心
印　刷:	湖北新华印务有限公司
开　本:	710mm×1000mm　1/16
印　张:	6.5
字　数:	131 千字
版　次:	2017年1月第1版第2次印刷
定　价:	19.80 元

本书若有印装质量问题,请向出版社营销中心调换
全国免费服务热线:400-6679-118　竭诚为您服务
版权所有　侵权必究

全国高职高专汽车类"工学结合-双证制"人才培养"十二五"规划教材

编 委 会

主任委员
　　张光德　武汉科技大学

委员(排名不分先后)
　　陈森昌　广东技术师范学院
　　张　健　湖北工业职业技术学院
　　侯守明　鹤壁汽车工程职业学院
　　熊其兴　武汉职业技术学院
　　彭国平　武汉城市职业学院
　　包科杰　襄阳汽车职业技术学院
　　吴纪生　江西交通职业技术学院
　　苗春龙　潍坊职业学院
　　黄经元　九江职业技术学院
　　杨进峰　广东工程职业技术学院
　　吴云溪　广东科学技术职业学院
　　张柏荣　武汉市交通学校
　　谢生伟　四川职业技术学院
　　鄂　义　武汉软件工程职业学院
　　廖中文　广东农工商职业技术学院
　　周松兵　十堰职业技术(集团)学校
　　刘照军　聊城职业技术学院
　　罗文华　盐城工业职业技术学院

序

目前我国正处在改革发展、深入贯彻落实科学发展观、全面建设小康社会、实现中华民族伟大复兴的关键阶段,必须大力提高国民素质,在继续发挥我国人力资源优势的同时,加快形成我国人才竞争的优势,逐步实现由人力资源大国向人才强国的转变。

《国家中长期教育改革和发展规划纲要(2010—2020年)》提出:发展职业教育是推动经济发展、促进就业、改善民生、解决"三农"问题的重要途径,是缓解劳动力供求结构矛盾的关键环节,必须摆在更加突出的位置。职业教育要面向人人、面向社会,着力培养学生的职业道德、职业技能和就业创业能力。

职业教育是现代国民教育体系的重要组成部分,在实施科教兴国战略和人才强国战略中具有重要地位。通过调研我们发现当前校企合作人才培养模式存在的主要问题是:"订单式"模式,易造成学生知识结构的狭窄单一,影响其进一步深造和发展;"三明治"模式,企业对实习生的培训负担重,受益较少,积极性不高;"2+1"模式,学生长期脱离学校顶岗实习,知识学习得不到保障。总之,当前校企合作人才培养多在点上开展工作,未能建立起人才培养的长效合作机制,缺乏可持续发展的动力。针对以上问题,专家建议汽车专业高职教育必须把以过程为导向的"工学结合"和以就业为导向的"双证制教学"结合起来,实现高职学生教学和就业的直接通道。

实行"双证制教学"可以促进人才培养模式的创新,改变传统学科式教育中重理论、轻技能的人才培养模式,实现以就业为导向,对学生进行有针对性的职业技能培训和鉴定,更好地培养面向生产、建设、管理、服务第一线需要的"下得去、留得住、用得上",实践能力强,具有良好职业道德的高素质技能型人才。该制度能增强高职毕业生的就业竞争力,提高就业率,有利于提高毕业生的目标签约率和专业对口就业率,实现毕业生与市场需求的"零距离"接轨。

针对专家们提倡的"工学结合"和"双证制教学"同时引进高职学校的新教学理念,2013年,华中科技大学出版社组织全国职业院校建设适合汽车专业"工学结合-双证制"教学的教材,通过教材建设带动课程建设,解决课程建设资源、教材建设与市场需求和企业要求相对落后的困境,该教材力求突出工作过程和职业技能,紧扣高等职业教育教学大纲和执业资格考试大纲和标准,提高认证考试通过率。

本套教材有如下特点。

1. 反映教改成果,接轨职业岗位要求 紧跟任务驱动、项目导向等教学做一体的教学改革步伐,反映高职汽车类专业教改成果,注意满足企业岗位任职知识要求。

2. 紧跟教改，接轨"双证书"制度　紧跟教育部教学改革步伐，引领职业教育教材发展趋势，注重学业证书和职业资格证书相结合，提升学生的就业竞争力。

3. 紧扣技能考试大纲、直通认证考试　紧扣高等职业教育教学大纲和岗位职业资格考试大纲和标准，随章节配套习题，全面覆盖知识点与考点，有效提高认证考试通过率。

4. 强调合作　针对相关认证大纲涉及多门课程内容的事实，本系列教材的每门课程教材在定大纲时要明确在哪些认证中涉及该课程知识，以及认证对该课程的要求。

5. 创新模式，理念先进　创新教材编写体例和内容编写模式，迎合高职学生思维活跃的特点，体现"双证书"特色。

6. 突出技能，引导就业　注重实用性，以就业为导向，专业课围绕技术应用型人才的培养目标，强调突出技能、注重整体的原则，构建以技能培养为主线、相对独立的实践教学体系。充分体现理论与实践的结合，知识传授与能力、素质培养的结合。

当前，工学结合的人才培养模式和项目导向的教学模式正在深化改革中，"工学结合-双证制"人才培养模式更处于探索阶段。随着本套教材投入教学使用和不断得到改进、完善和提高，本套教材将来会为我国现代职业教育体系的建设和高素质技能型人才的培养做出积极贡献。

谨为之序。

武汉科技大学教授、博士生导师
湖北省汽车工程学会理事、常务理事
张志德
2014年4月23日

前　　言

教育部教高〔2006〕16号文件指出：课程建设与改革是提高教学质量的核心，也是教学改革的重点和难点。十堰职业技术学院汽车工程系的教师纷纷参加课程改革，从传统的学科体系转向基于工作过程的行动体系课程改革，编写了许多教材，其中江军等老师主编了《汽车电工电子技术基础》。为配合该书的教学，根据我院的实际教学条件和学生的具体情况，现编写了《汽车电工电子技术基础实验实训指导书》。

我们编写了十二个实验和两个实训项目，可以作为高职院校汽车专业及相关专业的"汽车电工电子技术基础课程"实验实训教学指导用书，参与教学的老师可以根据实验实训的具体条件及课时要求，选择其中的部分项目进行教学。

编　者
2015 年 8 月

目　　录

实验部分 ……………………………………………………………………（1）
  实验一　操作规程概述及安全用电基本常识……………………………（1）
  实验二　万用表的使用及常用电子元器件的识别与检测………………（6）
  实验三　基尔霍夫定律和叠加原理的验证………………………………（21）
  实验四　戴维南定理的验证………………………………………………（25）
  实验五　日光灯电路及其功率因数提高…………………………………（30）
  实验六　单级共射放大电路………………………………………………（33）
  实验七　运算放大器基本运算及其应用…………………………………（39）
  实验八　基本逻辑门电路实验……………………………………………（45）
  实验九　组合逻辑电路的设计……………………………………………（49）
  实验十　用74LS160组成 N 进制计数器…………………………………（54）
  实验十一　时序逻辑电路(计数器和寄存器)设计………………………（58）
  实验十二　三相异步电动机直接启动控制………………………………（60）

实训部分 ……………………………………………………………………（63）
  实训项目Ⅰ　TY360型万用表组装………………………………………（63）
  实训项目Ⅱ　HX108收音机组装…………………………………………（81）

实 验 部 分

实验一　操作规程概述及安全用电基本常识

一、实验目的

1. 了解实验室操作规则。
2. 了解实验要求。
3. 掌握安全用电常识。

二、时间安排

本次实验的时间安排为 2 学时。

三、实验内容

(一) 了解实验操作规程

电路实验是实验性教学环节,是"汽车电工电子技术基础"课程的重要组成部分。在进行实验前,应仔细阅读实验规则,按照规则要求进行实验。

电路实验操作规程是保证实验顺利进行的基础,操作规程主要内容如下。

1. 阅读实验教材,了解实验任务和目的,对实验项目做到心中有数。
2. 复习有关的理论知识。
3. 按实验原理与说明来准备仪表和设备,并确认仪表和设备是否齐全、完好及规格合适。
4. 按实验内容与步骤明确实验线路的连接方法和实验操作步骤,了解实验过程中需要测试、记录的实验数据。
5. 实验过程中获得的数据、观察到的现象,经初步判定是否正确和合理,然后记录下来。若发现实验数据和现象有明显的错误或不合理,应重新进行实验。
6. 在获得正确数据及合理的实验现象后,拆除实验线路,整理仪表和设备。
7. 根据实验报告的要求,在整理与计算实验数据的基础上,写出实验报告。

实验报告要求字迹清楚,图表整洁,结论合理。

(二) 实验要求

1. 实验前必须充分预习,完成指定的预习任务。预习要求如下。

(1) 认真阅读实验指导书,分析、掌握实验电路的工作原理,并进行必要的估算。

(2) 完成各实验"预习要求"中指定的内容。

(3) 熟悉实验任务。

(4) 复习实验中所用各仪器的使用方法及注意事项。

2. 使用仪器和实验箱前必须了解其性能、操作方法及注意事项,在使用时应严格遵守。

3. 实验时接线要认真,相互仔细检查;确定无误才能接通电源。初学或没有把握时应经指导教师审查同意后再接通电源。

4. 实验时应注意观察。若发现存在异常现象(例如有元件冒烟、发烫或有异味)应立即关断电源,并及时报告指导教师。找出原因、排除故障,经指导教师同意后再继续实验。

5. 实验过程中需要改接线时,应关断电源后才能拆、接线。

6. 实验过程中应仔细观察实验现象,认真记录实验结果(数据、波形、现象),所记录的实验结果经指导教师审阅签字后再拆除实验线路。

7. 实验结束后,必须关断电源,拔出电源插头,并将仪器、设备、工具、导线等按规定整理。

8. 实验结束后,每个同学必须按要求整理数据并完成实验报告。

(三) 安全用电基本常识

在实验中,我们经常会使用各种各样的实验箱、信号源等各种各样的仪器设备,这些设备都需要接入 220 V 的交流电压,如果我们使用不当就会造成触电事故,轻者造成仪器设备损坏,重者会造成实验人员伤亡,所以了解安全用电基本常识就非常重要。

1. 学会看安全用电标志。

安全用电标志是保证用电安全的一项重要措施。统计表明,不少电气事故完全是由于不认识安全用电标志造成的。例如不熟悉导线颜色标志,误将相线连接设备的机壳,而导致机壳带电,酿成触电伤亡的事故屡见不鲜。

颜色标志和图形标志是安全用电标志常见的一种。颜色标志常用来区分各种不同性质、不同用途的导线,或用来表示某处的安全程度。图形标志一般用来告诫人们不要去接近有危险的场所。为保证安全用电,必须严格按有关标准使用颜色标志和图形标志。我国安全色标采用的标准基本上与国际标准(ISO)相同。一般采用的安全色有以下几种。

(1) 红色　用来标志禁止、停止和消防,如信号灯、信号旗、机器上的紧急停机按钮等都是用红色来表示"禁止"的信息。

(2) 黄色　用来标志注意危险。如"当心触电""注意安全"等。

(3) 绿色　用来标志安全无事。如"在此工作""已接地"等。

(4) 蓝色　用来标志强制执行,如"必须戴安全帽"等。

(5) 黑色　用来标志图像、文字符号和警告标志的几何图形。

按照规定,为便于识别,防止误操作,确保运行和检修人员的安全,采用不同颜色来区别设备特征。如电气母线,A相为黄色,B相为绿色,C相为红色,明敷的接地线涂为黑色。在二次系统中,交流电压回路用黄色,交流电流回路用绿色,信号和警告回路用白色。

2. 安全用电的注意事项。

随着生活水平的不断提高,生活中用电的地方越来越多了。因此,我们有必要掌握以下最基本的安全用电常识。

(1) 认识了解电源总开关,学会在紧急情况下关断总电源。

(2) 不用手或导电物(如铁丝、钉子、别针等金属制品)去接触、探试电源插座内部。

(3) 不用湿手触摸电器,不用湿布擦拭电气设备。

(4) 电气设备使用完毕后应拔掉电源插头;插拔电源插头时不要用力拉拽电线,以防止电线的绝缘层受损造成触电;若电线的绝缘皮剥落,要及时更换新线或者用绝缘胶布包好。

(5) 发现有人触电要设法及时关断电源;或者用干燥的木棍等物将触电者与带电的电气设备分开,不要用手去直接救人;年龄小的同学遇到这种情况,应呼喊成年人相助,不要自己处理,以防触电。

(6) 不随意拆卸、安装电源线路、插座、插头等。哪怕安装灯泡等简单的事情,也要先关断电源,并在指导教师的指导下进行。

3. 安全用电常识。

(1) 入户电源线避免过负荷使用,破旧老化的电源线应及时更换,以免发生意外。

(2) 入户电源总保险与分户保险应配置合理,使其能起到对家用电器的保护作用。

(3) 接临时电源要用合格的电源线、电源插头,插座要安全可靠,损坏的不能使用。电源线接头要用胶布包好。

(4) 临时电源线临近高压输电线路时,应与高压输电线路保持足够的安全距离(10 kV 及以下 0.7 m;35 kV 1 m;110 kV 1.5 m;220 kV 3 m;500 kV 5 m)。

(5) 严禁私自从公用线路上接线。

(6) 线路接头应确保接触良好,连接可靠。

(7) 房间装修,隐藏在墙内的电源线要放在专用阻燃护套内,电源线的截面应满足负荷要求。

(8) 使用电动工具如电钻等时,必须戴绝缘手套。

(9) 遇有电气设备着火,应先切断电源再救火。

(10) 电气设备接线必须确保正确,有疑问应及时询问专业人员。

(11) 应装设带有过电压保护的调试合格的漏电保护器,以保证使用电气设备时的人身安全。

(12) 电气设备在使用时,应有良好的外壳接地,室内要设有公用地线。

(13) 湿手不能触摸带电的电气设备,不能用湿布擦拭使用中的电气设备,进行电气设备修理必须先关电源。

4. 触电事故的主要原因。

统计资料表明,发生触电事故的主要原因有以下几种。

(1) 缺乏电气安全知识　线路断线后用手去拾火线;黑夜带电接线手摸带电体;用手摸破损的胶盖刀闸。

(2) 违反操作规程　带电连接线路或电气设备而又未采取必要的安全措施;触及破坏的设备或导线;误登带电设备;带电接照明灯具;带电修理电动工具;带电移动电气设备;用湿手拧灯泡等。

(3) 设备不合格,安全距离不够;二线一地制接地电阻过大;接地线不合格或接地线断开;绝缘破坏导线裸露在外等。

(4) 设备失修　大风刮断线路或刮倒电杆未及时修理;胶盖刀闸的胶木损坏未及时更改;电动机导线破损,使外壳长期带电;瓷瓶破坏,使相线与拉线短接,设备外壳带电。

(5) 其他偶然原因　如夜间行走触碰断落在地面的带电导线。

5. 发生触电时应采取的救护措施。

发生触电事故时,在保证救护者本身安全的同时,必须首先设法使触电者迅速脱离电源,然后进行以下抢修工作。

(1) 解开妨碍触电者呼吸的紧身衣服。

(2) 检查触电者的口腔,清理口腔的黏液,若有假牙则取下。

(3) 立即就地进行抢救,若呼吸停止,采用口对口人工呼吸法抢救;若心脏停止跳动或不规则颤动,可进行人工胸外挤压法抢救,决不能无故中断。

如果现场除救护者之外,还有第二人在场,则还应立即进行以下工作。

(1) 提供急救用的工具和设备。

(2) 劝退现场闲杂人员。

(3) 保持现场有足够的照明和保持空气流通。

(4) 向领导报告,并请医生前来抢救。

实验研究和统计表明,如果从触电后 1 min 开始救治,则 90% 的触电者可以救活;如果从触电后 6 min 开始抢救,则触电者仅有 10% 的救活机会;而从触电后 12 min 开始抢救,则救活触电者的可能性极小。因此当发现有人触电时,应争分夺秒,采用一切可能的办法抢救触电者。

实验二　万用表的使用及常用电子元器件的识别与检测

一、实验目的

1. 掌握数字万用表的使用方法。
2. 了解常用电子元器件在电路中的作用。
3. 了解常用电子元器件的图形符号。
4. 掌握常用电子元器件识别与检测的方法。

二、时间安排

本次实验的时间安排为 3 学时。具体的实验学时分配，指导教师可以根据实验所选元器件的种类及实验要求灵活分配。

三、实验内容

（一）万用表的使用方法

1. 万用表简介。

万用表又称为复用表、多用表等，是专门用来测量电压值、电流值和电阻值的电子设备。万用表按显示方式分为指针万用表和数字万用表。本书以 UT30B 型数字万用表（见图 2-1）为例，专门介绍数字万用表的使用方法。

数字万用表由液晶显示部分、测量电路及转换开关这三个主要部分组成。

数字万用表的显示位数通常为四位有效数字，其中后三位可以显示 0~9，第一位（最高位）只能显示 0~3 之间的数字（0 通常不显示），若只能显示 0 和 1，那么该数字万用表显示的最大值（即满量程）就是 1999；若只能显示 0、1、2，那么该数字万用表所显示的最大值就是 2999；以此类推，但是最大也只能显示 3999，这种情况下，最高位就不能完整显示 0~9 之间所有的整数，所以该位就称为半位；若高位只能显示 0 和 1，那么这种类型的数字万用表就称为 $3\frac{1}{2}$ 位数字万用表，其中分母代表高位可以显示 0、1 两个数字，分子代表这两个数字中最大的数字为 1；以此类推，若高位只能显示 0、1、2，那么这种类型的数字万用表就称为 $3\frac{2}{3}$ 位数字万用表。

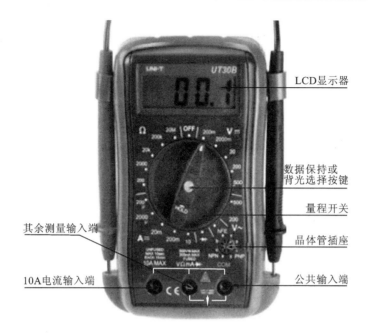

图 2-1　UT30B 型数字万用表

2. 使用方法。

操作时首先将转换开关旋转到所选量程位置处,看液晶显示是否正常。万用表在测量数据之前,液晶显示器上显示的值不是 0 就 1,如果没有显示或显示的值灰暗不清晰,这种情况一般是万用表里面的电池电量不足,需先更换电池,待正常显示后就可以进行下一步检测。第二,检查万用表的表笔是否插装正确和牢固。黑表笔插装在 COM 插孔,红表笔插装在 V/Ω/mA 插孔;在测量大电流时,红表笔需更换到"10 A MAX"(最大电流测量值为 10 A)插孔。

(1) 直流电压(DCV)测量　将量程转换开关置于 DCV 范围,并选择量程,其量程分为 5 挡:200 mV、2 V、20 V、200 V、1000 V。测量时,将黑表笔插入 COM 插孔,红表笔插入 V/Ω/mA 插孔。测量时若显示器上显示"1",则表示量程过小,应重新选择较大量程。

(2) 交流电压(ACV)测量　将量程转换开关置于 ACV 范围,并选择量程,其量程分为 5 挡:200 mV、2 V、20 V、200 V、700 V。测量时,将黑表笔插入 COM 插孔,红表笔插入 V/Ω/mA 插孔。测量时不许超过额定值,以免损坏内部电路(注意:显示值为交流电压的有效值)。

(3) 直流电流(DCA)测量　将量程转换开关转到 DCA 位置,并选择量程,其量程分为 4 挡:2 mA、20 mA、200 mA、10 A。测量时,将黑表笔插入 COM 插孔,当测量最大值为 200 mA 时,红表笔插入 V/Ω/mA 插孔;当测量最大值为 10 A 时,红表笔插入"10 A MAX"插孔(注意:测量电流时,应将万用表串入被测电路)。

(4) 交流电流（ACA）测量　将量程转换开关转到 ACA 位置，选择量程，其量程分为 4 挡：2 mA、20 mA、200 mA、10 A。测量时，将测试表笔串入被测电路，黑表笔插入 COM 插孔，当测量最大值为 200 mA 时，红表笔插入 V/Ω/mA 插孔；当测量最大值为 10 A 时，红表笔插入"10 A MAX"插孔（注意：显示值为交流电流的有效值）。

(5) 电阻测量　电阻挡量程分为 7 挡：200 Ω、2 kΩ、20 kΩ、200 kΩ、2 MΩ、20 MΩ、200 MΩ。测量时，将量程转换开关置于 Ω 量程，将黑表笔插入 COM 插孔，红表笔插入 V/Ω/mA 插孔（注意：在有源电路中测量电阻值时，应先切断电源）。

(6) 电容测量　电容挡量程分为 5 挡：2000 pF、20 nF、200 nF、2 μF、20 μF。测量时，将量程转换开关置于 CAP 处，将被测电容插入电容插座中，就可以得到被测电容容量的大概值（注意：测量容量较大的电容时，稳定读数需要一定的时间）。

(7) 二极管测试及带蜂鸣器的连续性测试　测试二极管时，只需将量程转换开关转换到二极管专用测试挡位（注意：显示屏上显示的值是二极管正向压降的近似值）。

(8) 晶体管 h_{FE} 的测试　将量程转换开关置于 h_{FE} 量程，先确定三极管是 NPN 型还是 PNP 型，然后将 e、b、c 端分别插入相应插孔，这样就可以得到被测三极管的 h_{FE} 数值。

3. 使用注意事项。

(1) 测量电流时应将表笔串接在被测电路中，测量电压时应将表笔并接在被测电路中。

(2) 不能测量高于 1000 V 的直流电压和高于 700 V 的交流电压。

(3) 测量高电压时要注意避免触电。

(4) 测量电流时，若显示器显示"1"，表示量程偏小，量程转换开关应及时换至更大量程。

(5) 更换电池或保险管时，应检查确信测试表笔已从电路中断开，以避免短路。

(二) 常用元器件的识别与检测

1. 电阻器。

(1) 电阻器的作用与电路图形符号。

电阻器在电路中主要用来控制电压和电流，起降压、分压、限流分流的作用。电阻器的英文缩写为 R(resistor)，排电阻为 RN。电阻器在电路中的图形符号有两种，即

（2）电阻器的主要电参数。

① 阻值　阻值常用的单位是欧姆（Ω），另外还有千欧（kΩ）、兆欧（MΩ）等，单位换算关系为

$$1\ k\Omega = 1000\ \Omega$$
$$1\ M\Omega = 1000000\ \Omega$$

电阻器的阻值在电路中有 3 种标注方法，即：直标法、色标法和数标法。

a. 直标法　直标法是将电阻器的阻值用数字和文字符号直接标在电阻体上，其允许偏差则用百分数表示，未标偏差值的即为±20%。

如 ─|100Ω 5%|─ 表示电阻器的阻值为 100 Ω，允许偏差为 5%。

b. 数标法　数标法主要用于贴片等小体积的电路，在 3 位数码中，从左至右第 1、2 位数表示有效数字，第 3 位表示 10 的指数，或者用 R 表示（R 表示 **0.×**）。

如 103 表示该电阻器的阻值为 10×10^3 Ω，R030 表示该电阻的阻值为 0.030 Ω。

c. 色标法　即色环标注法，这种表示方法使用最多，一般分 4 色环和 5 色环两种，普通电阻器大多用 4 色环表示，精密电阻器用 5 色环表示，紧靠电阻体一端头的色环为第 1 环，电阻体本色较多的另一端头为末环，该色环表示为误差，色标法标示电阻值的具体表示方法如图 2-2、图 2-3 所示。

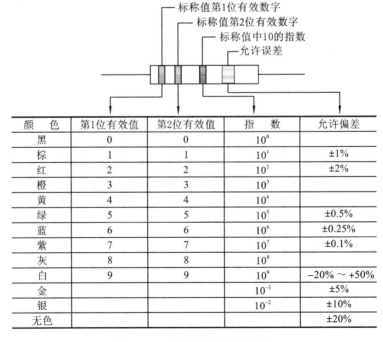

颜　色	第1位有效值	第2位有效值	指　数	允许偏差
黑	0	0	10^0	
棕	1	1	10^1	±1%
红	2	2	10^2	±2%
橙	3	3	10^3	
黄	4	4	10^4	
绿	5	5	10^5	±0.5%
蓝	6	6	10^6	±0.25%
紫	7	7	10^7	±0.1%
灰	8	8	10^8	
白	9	9	10^9	−20%～+50%
金			10^{-1}	±5%
银			10^{-2}	±10%
无色				±20%

图 2-2　4 色环电阻值表示方法

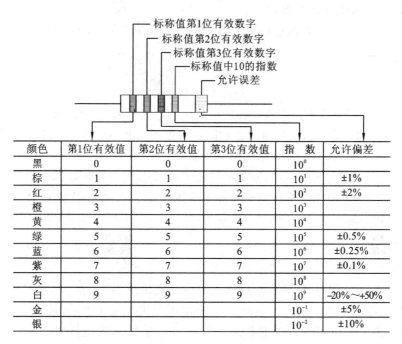

颜色	第1位有效值	第2位有效值	第3位有效值	指 数	允许偏差
黑	0	0	0	10^0	
棕	1	1	1	10^1	±1%
红	2	2	2	10^2	±2%
橙	3	3	3	10^3	
黄	4	4	4	10^4	
绿	5	5	5	10^5	±0.5%
蓝	6	6	6	10^6	±0.25%
紫	7	7	7	10^7	±0.1%
灰	8	8	8	10^8	
白	9	9	9	10^9	−20%～+50%
金				10^{-1}	±5%
银				10^{-2}	±10%

图 2-3 5 色环电阻值表示方法

② 额定功率　指电阻器在直流或交流电路中长期工作时所能承受的最大功率,额定功率的大小一般用如下符号表示。

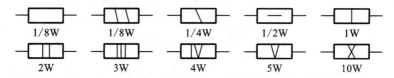

③ 允许偏差　一只电阻器的实际值不可能与标称值绝对相等,两者之间存在一定的偏差,我们将偏差允许的范围称为电阻器的允许偏差或允许误差。

允许偏差越小其阻值精度越高,稳定性也好,但价格也越高。通常普通电阻器的允许偏差为±5%、±10%、±20%;高精度电阻器的允许偏差为±1%、±0.5%。

(3) 用数字万用表测试电阻器。

用数字万用表测量电阻器的阻值时,先将黑表笔插入 COM 插孔、红表笔插入 V/Ω/mA 插孔,然后用色环法读出被测电阻器的阻值范围,再根据该数值将量程转换开关置于合适的 Ω 量程(一般所选量程比用色环法读出的电阻值稍大或大一个数量级),最后将被测电阻器接到红黑表笔两端,数字万用表上就可以显示出该电阻器的阻值,通过比对这两个阻值,就可以判断所测电阻器的好坏(两个数值接近时,表明该电阻器是好的;若测量值始终为∞,则表明该电阻器内部断路;测量值始终为零时,则表明该电阻器内部短路)。

2. 特殊电阻器。

(1) 热敏电阻器。

热敏电阻器的特点是：电阻值随温度的变化而发生明显的变化。热敏电阻器主要用在电路中作温度补偿用，也可在温度测量电路和控制电路中作感温元件。

热敏电阻器可分为两大类，分别是负温度系数(NTC型)和正温度系数(PTC型)热敏电阻。热敏电阻器的外形有片状、杆状、垫圈状和管状等，如图2-4所示，其中片状热敏电阻器和瓷片电容的外形容易混淆。

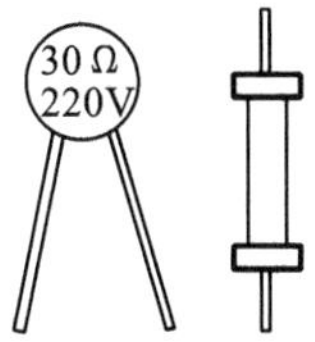

注意：测量热敏电阻器时不宜用普通万用表，因普通万用表的电流过大，会使其发热而导致阻值的变化。

图 2-4　热敏电阻器

(2) 电位器。

电位器实际上就是可变电阻器，由于它在电路中的主要作用是获得与输入电压(外加电压)成一定关系的输出电压，因此称之为电位器。电位器的英文缩写是RP(旧标准用W)，在电路中的符号为

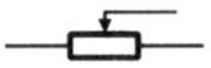

电位器的参数有标称阻值、额定功率、分辨率、滑动噪声、阻值变化特性、耐磨性、零位电阻及温度系数等，在实际检测中我们主要关注其标称阻值。

测试时，先测量电位器的总阻值，即两固定端之间的阻值就是总阻值(即标称值)，然后再测量它的滑动端与固定端之间的阻值。将一只表笔接电位器的滑动端，另一只表笔接其余两端中的任意一端，慢慢将其从一端滑动到另外一端，其阻值则应从零(或标称值)连续变化到标称值(或零)，在整个滑动过程中，万用表的测量值不应有跳动现象，否则电位器内部有异常；若测量值始终为∞，则表明该电位器内部断路；测量值始终为零时，则表明该电位器内部短路。

注意：在测试过程中，电位器中心滑动端与电阻体之间要接触良好，其动噪声和静噪声应尽量小，其开关动作应准确可靠。

3. 电容器。

(1) 电容器的作用、图形符号及特性。

电容器在电路中主要起隔直流、旁路、耦合、滤波、补偿、充放电、储能等作用。其英文缩写为C(capacitor)，单位为法拉(F)，常见的单位：毫法(mF)、微法(μF)、纳法(nF)、皮法(pF)，其换算关系为

$$1\ F=10^3\ mF=10^6\ \mu F=10^9\ nF=10^{12}\ pF$$

常用电容器的图形符号见表2-1。

表 2-1 常用电容器的图形符号

图形符号	—||—	—|+|—	⧧	⧧	⧧⧧
名称	电容器	电解电容器	可变电容器	微调电容器	同轴双可变电容

电容器的特性:主要特性是隔直流通交流,通低频阻高频。电容器对交流信号的阻碍作用称为容抗,它与交流信号的频率和电容器的容量有关。

(2) 电容器的分类、识别与检测。

电容器的分类:按结构可分为固定电容器、可变电容器、半可变电容器;按介质材料可分为云母电容器、陶瓷电容器、涤纶电容器、电解电容器等;根据极性可分为有极性电容器和无极性电容器,我们常见的电解电容器就是有极性电容器,有正负极之分。

电容器的主要性能指标有:电容器的容量(即储存电荷的容量)、额定工作电压(指电容器接入电路后,长期连续可靠的工作,不被击穿时所能承受的最大直流电压或最大交流电压的有效值)、绝缘电阻(是指电容器两极之间的阻值,或称漏电阻,使用电容器时应选绝缘电阻值大的为好)等。

电容器的识别方法与电阻的识别方法基本相同,常用直标法、色标法和数标法三种。

直标法:是将电容的标称值用数字和单位在电容的本体上表示出来:如:220 MF 表示 220 mF;.01 uF 表示 0.01 μF;6n8 表示 6800 pF。

色标法:用色环或色点表示电容器的主要参数。电容器的色标法的规定与电阻器的色标法相同。

数标法:一般用 3 位数字表示容量的大小,前两位表示有效数字,第 3 位表示 10 的指数,如 102 表示 $10 \times 10^2 = 1000$ pF;224 表示 $22 \times 10^4 = 0.22$ μF。

注意:电容器还有一种不标单位的直接表示法,不过这种方法只在少数瓷片电容中使用。

具体是:用 1 到 4 位数字表示,容量单位为 pF。若用零点几表示,则单位是 μF。

如:3300 表示 3300 pF;680 表示 680 pF;7 表示 7 pF;0.056 表示 0.056 μF,0.47 表示 0.47 μF。

电容器的检测:电容器的检测主要是用万用表(分指针式万用表和数字万用表)检测电容器性能的好坏(一般主要针对电解电容,重点是检测其漏电情况),检测过程中万用表使用电阻挡量程,具体量程选择如下。

5000 pF~1 μF　选用"R×10 K"挡。

1 μF~20 μF　选用"R×1 K"挡。

20 μF 以上选用"R×10 Ω"或"R×100 Ω"挡。

① 具体测量方法一(指针式万用表测量)。

先用万用表表笔将电容器两极短路,然后将表笔接触电容器的两极,根据测量结果判断电容器的性能好坏。

a. 表头指针先顺时针方向偏摆,然后逐渐向反方向复原(即 $R=\infty$),则表明该电容器性能良好。

b. 表头指针不能复原即稳定后指针所指读数表示电容器的漏电阻值,则表明该电容器性能较差。若漏电阻值偏小表示漏电严重,则不能使用。

c. 测试过程中表针不摆动,则说明电容器内部断路,不能使用。

d. 表针顺时针方向偏转后,不返回且阻值很小甚至为零,则说明电容器内部短路,不能使用。

② 具体测量方法二(数字式万用表测量)。

先用万用表表笔将电容器两极短路,然后将表笔接触电容器的两极,根据测量结果判断电容器的性能好坏。

a. 万用表上的显示值迅速变化到 1(即 $R=\infty$),则表明该电容性能良好。

b. 万用表显示一个 4 位数值,则表明该电容有漏电情况,其性能较差,数字越小表明漏电越严重,不能使用。

c. 若万用表只显示 0 或很小的阻值,则说明该电容器内部短路,不能使用。

d. 若万用表数值无变化,而是直接显示 1,则说明该电容器内部断路,不能使用。

4. 电感器。

(1) 电感器的作用、缩写及单位。

电感器(简称电感)是构成电路的基本元件,在电路中有阻碍交流电通过的特性。其基本特性是通低频、阻高频,在交流电路中常作扼流、降压、谐振等。

电感器的英文缩写为 L(inductance),电路符号为 ⌒⌒⌒,电感器的国际标准单位是 H(亨利),常见的单位:mH(毫亨),μH(微亨),nH(纳亨),其单位换算为

$$1\ H=10^3\ mH=10^6\ \mu H=10^9\ nH$$

$$1\ nH=10^{-3}\ \mu H=10^{-6}\ mH=10^{-9}\ H$$

电感器在电路中常用"L"加数字表示,如:L6 表示编号为 6 的电感器。电感器一般有直标法和色标法,色标法与电阻器类似。如:棕、黑、金,表示 1 μH(误差 5%)的电感器。

(2) 电感器的测试。

电感器的检测包括外观检测和阻值测量,首先检测电感器的外表是否完好,磁芯有无缺损、裂缝,金属部分有无腐蚀氧化,标志是否完整清晰,接线有无断裂和拆伤等。用万用表对电感器作初步检测,测线圈的直流电阻值,并与原已知的正常电阻值进行比较,如果检测值比正常值显著增大或指针不动,可能是电感器本体断

路;若比正常值小许多,可判断电感器本体严重短路;线圈的局部短路需用专用仪器进行检测。

5．半导体二极管。

(1) 半导体二极管的作用、缩写及电路符号。

半导体二极管(简称二极管)是电路中主要元件之一,不同的二极管在电路中的作用也不一样,如普通二极管主要起单向导通、整流、检波作用;稳压二极管主要起稳压作用;发光二极管主要起发光作用;光敏二极管的主要作用是把光信号转化成电信号。

半导体二极管的英文缩写为 D(diode),其电路符号为

(2) 二极管的分类。

按材质分:硅二极管和锗二极管。

按用途分:整流二极管、稳压二极管、发光二极管、光电二极管、变容二极管等。

稳压二极管　　发光二极管　　光电二极管　　变容二极管

(3) 二极管的导通电压。

硅二极管在两极加上电压,并且电压大于 0.6 V 时才能导通,导通后电压保持在 0.6~0.8 V 之间。

锗二极管在两极加上电压,并且电压大于 0.2 V 时才能导通,导通后电压保持在 0.2~0.3 V 之间。

(4) 二极管的特性。

半导体二极管主要特性是单向导电性,也就是在正向电压的作用下,导通阻值很小;在反向电压作用下,导通阻值极大或无穷大。

(5) 二极管的识别方法。

目视法:主要是判断二极管的极性。二极管一般用颜色(白色或黑色环标)标示其正负极,在实物中看到一端有颜色标示就是负极,另外一端则是正极。

用万用表(指针表)判断二极管的极性:通常选用万用表的电阻挡("R×100"或"R×1 K"),然后分别用万用表的两表笔分别接到二极管的两个极上,当二极管导通时测的阻值较小(一般几十欧姆至几千欧姆之间),这时可以判断黑表笔接的是二极管的正极,红表笔接的是二极管的负极;当测的阻值很大(一般为几百至几千欧姆),这时可以判断黑表笔接的是二极管的负极,红表笔接的是二极管的正极。

用数字万用表判断二极管的极性:此时一定要用数字万用表上二极管专用测试挡位,将数字万用表两表笔分别接二极管两端,当显示屏上显示四位有效数字时,表明二极管已正向导通,此时红表笔接的即是二极管正极,黑表笔接的是二极

管负极,此数值表示的二极管正向导通电压,而不是正向电阻值。注意:数字万用表显示的数值有小数点标记的,导通电压以显示值为准;如果没有小数点标记的,数字要除以 1000,最后结果应为 0.×××V 或 1.×××V(发光二极管)。

(6) 二极管性能测试。

利用二极管的正向阻值小、反向阻值大的特点来识别其性能好坏。具体判断方法如下。

当测得二极管正向阻值很大、反向阻值很小时,表明二极管的单向导电性能良好(差值越大,单向导电性越好)。

当测得二极管的正、反向阻值很接近时,表明管子性能变坏或失效。

当测得正、反向阻值都很小或为零时,则表明管子已被击穿(两电极已短路),不能使用。

若正、反向阻值都很大,则说明管子内部已断路,不能使用。

6. 半导体三极管。

(1) 半导体三极管的作用、类型、缩写及电路符号。

半导体三极管(简称三极管)是内部含有两个类似于二极管的 PN 结,其作用是把微弱信号放大成幅值较大的电信号,有时也用做无触点开关。两个 PN 结把整块半导体分成三部分,中间部分是基区(基极 b),两侧部分是发射区(发射极 e)和集电区(集电极 c),排列方式有 PNP 和 NPN 两种,所以三极管就有 PNP 型和 NPN 型两种类型(见图 2-5)。

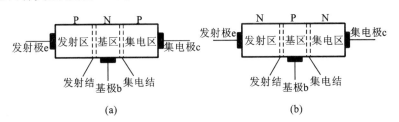

图 2-5 三极管的结构及类型

(a) PNP 型三极管 (b) NPN 型三极管

三极管英文缩写为 Q 或 T,电路中的符号见图 2-6。

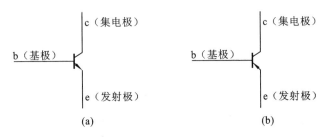

图 2-6 三极管在电路中的符号

(a) NPN 型三极管 (b) PNP 型三极管

(2)三极管的简易测试。

① 用指针万用表判别三极管管型和管脚的方法。

基极及管型的判别:用指针万用表电阻"R×100"或"R×1 K"挡,将红表笔接某一管脚,黑表笔分别接另外两个管脚,这样将有三组(每组二次)读数,当测得两个阻值均较小时,红表笔所接的管脚为 PNP 管的基极。若用黑表笔接某一管脚,红表笔接另外两个管脚,当测得两个阻值均较小时,则黑表笔所接的管脚为 NPN 管的基极。

集电极和发射极的判别:以 NPN 型管子为例,在判断出基极的前提下,先假定剩余两脚中一脚为集电极,另一脚为发射极,然后用潮湿的手指把假定的集电极和已测出的基极捏起来,但不要相碰(相当于集电极和基极之间接入了 100 kΩ 的电阻),再将黑表笔接在假定的集电极,红表笔接到假定的发射极上,观察表针,并记下阻值的读数,然后红黑表笔交换一次,再次记下读数,比较两次读数的大小,阻值较小的那一次黑表笔所接为集电极,红表笔接的一脚为发射极,详细测量方法见图 2-7(说明:这一方法是利用三极管的放大原理而得)。

PNP 型三极管管型及管脚判定测试与 NPN 型三极管的测试相似,只是最后的结论是阻值较小的那一次红表笔所接为集电极,黑表笔接的一脚为发射极,详细测量方法见图 2-8。

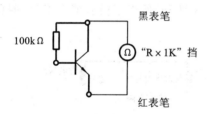 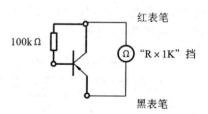

图 2-7 NPN 三极管管脚测试图   图 2-8 PNP 三极管管脚测试图

性能的判别:当测得三极管正向阻值近似于无穷大时,表明三极管内部已断路;若测得反向阻值很小或为零时,说明三极管已短路。

② 用数字万用表判别三极管管型和管脚的方法。

三极管管型和基极的方法:用数字万用表测试三极管一般用二极管专用测试挡位,按照判断二极管的方法,可以判断出其中一极为公共正极或公共负极,此极即为基极 b。对 NPN 型管,基极是公共正极;对 PNP 型管,则是公共负极。因此,判断出基极是公共正极还是公共负极,即可知道被测三极管是 NPN 或 PNP 型三极管。

集电极和发射极的判别:在判断出基极的前提下,先假定剩余两脚中一脚为集电极,另一脚为发射极,然后将数字万用表选择至 $\beta(h_{FE})$ 挡位处,把三个管脚分别插入到对应的插孔中,记录数据;再将 c、e 孔中的管脚对调测量,比较两次数据,数值大的说明管脚插对了,那么对应的管脚就是正确的 b、c、e。

性能的判别:测试三极管在用数字万用表上二极管专用测试挡位时,当显示屏上显示出四位有效数字时,表明该三极管性能正常;如果一直显示"1",表明三极管内部已断路;如果一直显示"0",则表明该三极管已短路。

(三)技能训练

1. 电阻器识别与检测技能训练(见表 2-2)。

表 2-2　电阻器识别与检测技能训练

元器件实物图片	元器件名称	测量方法	数　值	备　注
	(金属膜)电阻	色环法		
		数字万用表		
	贴片电阻	数标法		
	热敏电阻	数字万用表		
	光敏电阻	数字万用表		
	电阻排	数字万用表		
	电位器	数标法		
		数字万用表		

2. 电容器识别与检测技能训练（见表2-3）。

表2-3　电容器识别与检测技能训练

元器件实物图片	元器件名称	测量方法	数值	备注
	瓷片电容	数标法		
	电解电容	直标法		
	电解电容	直标法		

3. 电感器识别与检测技能训练（见表2-4）。

表2-4　电感器识别与检测技能训练

元器件实物图片	元器件名称	测量方法	数值	备注
	环形电感	数字万用表		只能根据电阻值判断电感器的好坏，但是不能测出电感量
	电阻型电感	色标法		同电阻类似
	柱状电感	数标法		

续表

元器件实物图片	元器件名称	测量方法	数 值	备 注
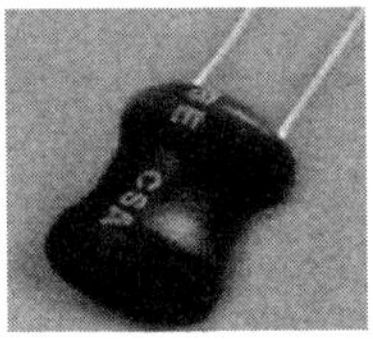	工字形电感	直标法		
	变压器	数字万用表		只能根据电阻值判断电感器的好坏,但是不能测出电感量

4. 二极管识别与检测技能训练(见表2-5)。

表2-5 二极管识别与检测技能训练

元器件实物图片	元器件名称	测量方法	数 值	备 注
	整流二极管	数字万用表(用二极管专用测试挡位)		1. 极性用色标法判定; 2. 数字万用表显示的数值表示该二极管正向导通电压
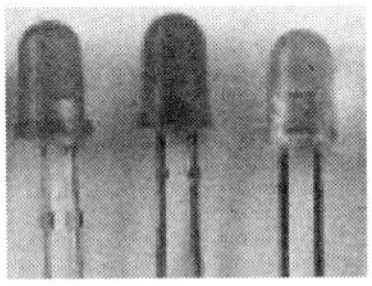	发光二极管	数字万用表		注意:PN结导通电压一般为1.5 V以上,且每次测量的结果都不同
	七段LED数码管	数字万用表		注意:七段LED数码管有共阴极和共阳极两种

5. 三极管识别与检测技能训练（见表 2-6）

表 2-6 三极管识别与检测技能训练

元器件实物图片及名称	测量结果（数字万用表）	管 脚 图	备 注
小功率三极管		TO-92 1 2 3 1.发射极 2.集电极 3.基极	注意：不同型号的三极管，封装不同，管脚排列也不相同
中功率三极管		b c e	注意：散热片和集电极相通
大功率三极管		e b 20mm 17mm	注意：1. 外壳散热片就是集电极； 2. 基极到两边的距离不同
贴片三极管		c 常用贴片三极管管脚定义 印字面向上 b　　e	

实验三　基尔霍夫定律和叠加原理的验证

一、实验目的

1. 验证基尔霍夫定律(KCL、KVL)的正确性,加深对基尔霍夫定律的理解。
2. 验证叠加原理的正确性,加深对叠加定理的理解。
3. 熟练使用万用表测量电压、电流。

二、时间安排

本次实验的时间安排为 3 学时。

三、实验设备

1. RXDI-1 电路原理实验箱　　　　1 台
2. UT30B 型数字万用表　　　　　1 台

四、实验内容

(一) 验证基尔霍夫定律

1. 验证基尔霍夫电流定律。

基尔霍夫电流定律(KCL):在集总电路中,在任一瞬时,流向某一节点的电流之和应该等于由该节点流出的电流之和;或表述为,在任一瞬时,通过电路中任一节点的各支路电流的代数和等于零。

在图 3-1 中,在 U_1、U_2 共同作用下,通过节点 A 的电流有 I_1、I_2、I_3,根据 KCL 应有

$$I_1 + I_2 - I_3 = 0$$

若将测量结果与理论值进行比较,就可以知道该定律是否正确(在测量过程中,应注意万用表上显示的"一"号所代表的意义)。

2. 测量过程。

(1) 实验前先确定图 3-1 中三条支路电流 I_1、I_2、I_3 的参考方向。

(2) 分别将 $U_1=6$ V、$U_2=12$ V 两路直流稳压电源(U_1 为实验箱中 0~24 V 可调直流稳压源,将其调至 6 V;U_2 为实验箱中 +12 V 固定电源)接入电路中。

(3) 根据图 3-1 所示,用导线连接实验箱电路中各节点处的断点,让电路正常工作。

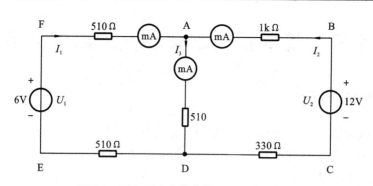

图 3-1 基尔霍夫电流定律(KCL)验证电路

(4) 用数字万用表分别测量电路中各元件电压及 I_1、I_2、I_3 的电流,并将测量结果填入表 3-1 中。

表 3-1 基尔霍夫定律验证电路测量记录表

被测对象	I_1 /mA	I_2 /mA	I_3 /mA	U_{FA} /V	U_{AB} /V	U_{AD} /V	U_{CD} /V	U_{DE} /V
测量值（实际值）								
计算值（理论值）								
绝对误差（＝理论值－实际值）								

注意:测量单位之间的换算。

3. 验证基尔霍夫电压定律。

基尔霍夫电压定律(KVL):在集总电路中,在任一瞬时、任一回路,沿任意绕行方向一周,所有支路电压的代数和等于零。

在图 3-1 中,在 U_1、U_2 共同作用下,选择任一回路,测得回路中各元件的电压,将测量结果与理论值进行比较,就可以知道该定律是否正确(注意:在测量过程中,回路可任意选择)。

在测量过程中,沿用上述基尔霍夫电流定律(KCL)测量过程中电流参考方向的设定及 U_1、U_2 电源接入过程,用数字万用表分别测量回路电路中各元件的电压,并将测量结果填入表 3-1 中,之后写出 **KVL** 电压方程,并验证结果是否同基尔霍夫电压定律一致。

结论:

（二）验证叠加原理

1. 叠加原理。

叠加原理：在线性电路中，任一支路中的电流（或电压）等于电路中各独立电源分别单独作用时在该支电路中产生的电流（或电压）的代数和。所谓一个电源单独作用是指除了该电源外其他所有电源的作用都为零（电源作用为零的处理方法是：理想电压源所在处用短路代替，理想电流源所在处用开路代替，但保留它们的内阻，电路结构也不作改变）。

叠加原理不仅适用于线性直流电路，也适用于线性交流电路，为了测量方便，我们用直流电路来验证它。

2. 验证过程。

（1）验证电路原理图如图 3-1 所示。

（2）分别将 $U_1=6$ V、$U_2=12$ V 两路直流稳压电源接入电路中。

（3）先让 U_1 电源单独作用（U_2 短路），测出 I_1、I_2、I_3 电流值（即 I_1'、I_2'、I_3'），然后让 U_2 电源单独作用（U_1 短路），测出 I_1、I_2、I_3 电流值（即 I_1''、I_2''、I_3''），最后让 U_1、U_2 共同作用，再次测出 I_1、I_2、I_3 电流值，将数据记入表格 3-2。

（4）在 U_1、U_2 单独及共同作用下，测量 U_{FA}、U_{AB}、U_{AD} 值，并将数据记入表格 3-2，验证结果是否同定理一致。

表 3-2　叠加定理验证电路测量记录表

测 量 对 象	I_1/mA	I_2/mA	I_3/mA	U_{FA}/V	U_{AB}/V	U_{AD}/V
U_1 单独作用						
U_2 单独作用						
U_1、U_2 共同作用						

特别注意：这里 U_1 或 U_2 短路是指该处的电压为零，操作时将 U_1 或 U_2 上的连线拆开后短接 F、E 或 B、C 两点，而不是直接将电源短接，否则电源会短路烧毁。

结论：

(三) 实验箱使用说明及注意事项

1. 实验箱在接入交流电源之前,应先检查交流电源是否与所需电源相适合。

2. 打开电源开关,指示灯亮,直流稳压电源处于待用状态。

3. 实验时,根据实验所需电源电压、电流的大小,选择相应的电源,连线引出即可。

4. 实验连线时,应关断电源,连线完毕后,检查无误方可接通电源开关;中间改换插线时也必须切断电源。

5. 对于在实验中因不慎而损坏的元器件,使用者可根据提供的数据资料自行更换,但必须为同型号、同规格的。

6. 实验中不用的仪器可以暂时关闭,从而减少不必要的损耗。

7. 实验过程中,如出现电源短路报警,应立即切断电源,查明原因,排除故障后方可再通电继续实验。

8. 实验时,若出现异常现象(如元件发烫、有异味或冒烟),应立即切断电源,查明原因,排除故障后方可继续实验。

9. 插接件均具有自锁锥度,接触良好,插头可以叠插。插接时无须用力过大、过猛,插接牢固即可;拔出时,捏住插头柄旋转,即可轻松拔出,切不可硬扯连接线,以免损坏。

10. 实验结束后必须切断电源,拔出电源插头,然后把实验箱盖好放回原处。

实验四 戴维南定理的验证

一、实验目的

1. 学习有源二端网络的开路电压和入端电阻的测量方法。
2. 理解戴维南定理。
3. 分析负载获得最大功率的条件。

二、时间安排

本次实验的时间安排为 3 学时。

三、实验设备

1. RXDI-1 电路原理实验箱　　　1 台
2. UT30B 型数字万用表　　　　1 台

四、实验内容

(一) 验证戴维南定理

1. 戴维南定理。

戴维南定理是指:任何一个含源线性二端网络,从外部而言,都可以用一个理想电压源与一个内阻串联来等效代替。在图 4-1 所示的二端网络中,该二端网络的等效电压等于二端网络的开路(A、B 端开路)电压 U_{OC},该二端网络的等效内阻为网络内部所有电源作用为零时(电压源短路、电流源开路)的入端(从 A、B 端向左看进去)等效电阻 R_i,如图 4-2 所示。

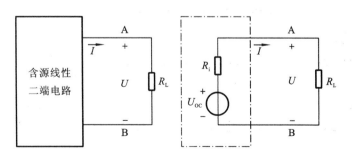

图 4-1　戴维南定理等效电路

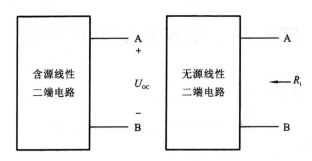

图 4-2 含源线性二端网络的开路电压和无源线性二端网络的入端等效电阻

2．开路电压 U_{OC} 的测量方法。

（1）直接测量法　当含源线性二端网络的入端等效电阻 R_i 较小，与电压表的内阻相比较可以忽略不计时，可以用电压表直接测量该网络的开路电压 U_{OC}。

（2）补偿法　当含源线性二端网络的入端电阻 R_i 较大时，采取直接测量法的误差较大，若采用补偿法测量则较为准确。测量方法如图 4-3 所示，图中虚线方框内为补偿电路，U_S 为直流电源，滑线变阻器 R_P 接为分压器，G 为检流计。将补偿电路的两端 A′、B′ 与被测电路的两端 A、B 相连接，调节分压器的输出电压，使检流计的指示为零，此时电压表所测得的电压值就是该网络的开路电压 U_{OC}。由于此时被测网络相当于开路，不输出电流，网络内部无电压降，所以测得的开路电压较直接测量法准确。

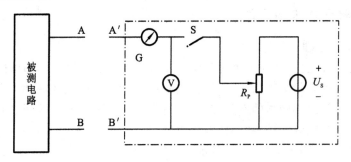

图 4-3 补偿法测量网络开路电压的电路

3．入端等效电阻 R_i 的测量方法。

（1）外加电源法　将含源线性二端网络内部的电源去除，且电压源作短路、独立电流源作开路处理，使其成为线性无源二端网络，然后在其 A、B 二端加上一合适的电压源 U_S（见图 4-4），测量流入网络的电流 I，则网络的入端等效电阻为 $R_i = U_S/I$。如果无源二端网络仅由电阻元件组成，也可以直接用万用表的电阻挡去测量 R_i。

实际上，网络内部的电源都有一定的内阻，当电源被去掉的同时，其内阻也被去掉了，这就影响了测量的准确性。所以这种方法仅适用于电压源的内阻很小和电流源的内阻很大的情况。

(2) 开路短路法　在测量出含源线性二端网络的开路电压 U_{OC} 之后,再测量网络的短路电流 I_{SC}(见图 4-5),则可计算出 $R_i = U_{OC}/I_{SC}$。

这种方法较简便,但对于不允许直接将其输出端 A、B 二端短路的网络则不适用。

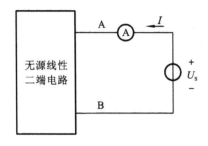
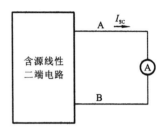

图 4-4　用外加电源法测量网络入端等效电阻的电路　　图 4-5　测量网络短路电流的电路

(3) 半偏法　在测量出含源线性二端网络的开路电压 U_{OC} 之后,按图 4-6 接线,R_L 为电阻箱,调节 R_L,使其端电压 $U_{RL} = U_{OC}/2$,此时 R_L 的值即等于 R_i。这种测量方法没有前面介绍的两种方法的局限性,因而在实际测量中被广泛采用。

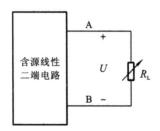

图 4-6　用半偏法测量网络的入端等效电阻

4. 负载获得最大功率的条件。

当负载电阻等于等效电源的内阻($R_L = R_i$)时,负载将获得最大的功率,这称为负载的阻抗匹配。此时的输出电流 $I = I_S/2$(I_S 为短路电流),负载和电源内阻所消耗的功率相等,且负载上消耗的功率为最大值,而此时电源的效率却只有 50%,如图 4-7 所示。在电子线路中,为了让负载发挥最大的功效(特别是在功率放大电路中),常常优先考虑让负载获得最大的功率,而将电源的效率放在次要的位置,突出了阻抗匹配的重要性。

5. 测量过程。

(1) 测量含源线性二端网络的开路电压 U_{OC} 和入端等效电阻 R_i。

按图 4-8 所示电路接线,断开 R_L,采用直接测量法测量 U_{OC};然后将电压源短路后测量开路两端的电阻 R_i,并将测量结果记录于表 4-1 中。

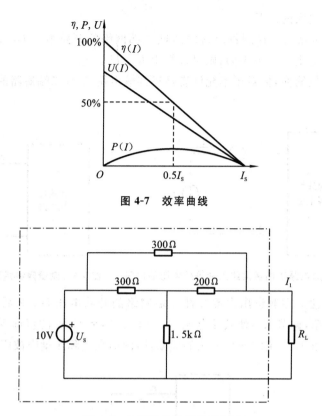

图 4-7 效率曲线

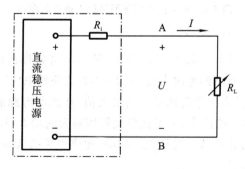

图 4-8 含源线性二端网络电路

（2）按照测量出来的 U_{OC}、R_i，利用实验箱上自带的直流稳压（可调）电源调出同 U_{OC} 相同的电压、利用实验箱上自带的可调电阻调出相同的 R_i，重新搭建等效电路（见图 4-9）。

图 4-9 戴维南等效电源电路

（3）测量图 4-8 中流过 R_L 的电流和图 4-9 中流过 R_L 的电流，并将所测得的结果填入表 4-1 中，比较这两个电流是否相等（或接近），以此验证是否等效。

结论：

（二）测定负载获得最大功率的条件

利用已搭建的戴维南等效电源电路（见图 4-9），分别取不同的负载 R_L 值（其中重点要注意 $R_i = R_L$ 时的情况），测量 R_L 两端的电压和流过 R_L 的电流，计算其功率 P，并将所测得的结果填入表 4-1 中。

表 4-1 验证戴维南定理和负载获得最大功率条件数据表

开路电压 U_{OC}	计算值		入端等效电阻 R_i	计算值				
	测量值			测量值				
等效前流过 R_L 的电流（图 4-8）			等效后流过 R_L 的电流（图 4-9）					
负载电阻 R_L/Ω	0	100	200	300	500	700	800	900	1000
戴维南等效电路	U								
	I								
	$P = I^2 R_L$								

结论：

实验五　日光灯电路及其功率因数提高

一、实验目的

1. 了解日光灯电路的工作原理。
2. 掌握提高功率因数的意义及方法。

二、时间安排

本次实验的时间安排为3学时。

三、实验器材

1. UT30B型数字万用表　1台
2. RTDG－3A电工技术实验台(如果没有实验台,可自行设计一套日光灯电路,电路中含有镇流器、启辉器、电容器组)。

四、实验内容

(一) 实验原理

在正弦交流电路中,功率因数的高低关系到交流电源的输出功率和电力设备能否得到充分利用。为了提高交流电源的利用率,减少线路的能量损耗,可采取在感性负载两端并联适当容量的电容,以提高电路的功率因数。并联了电容器 C 以后,原来的感性负载取用的无功功率中的一部分,将由电容提供,这样由电源提供的无功功率就减少了,电路的总电流 I 也会减小,从而使得感性电路的功率因数 $\cos \varphi$ 得到提高。

(二) 测量过程

1. 日光灯并联电容前的测量过程。

(1) 先切断实验台的总供电电源开关,按图5-1来连线。用导线将调压器输出相线端、总电流测量插孔(不测量电流时先短路,测量电流时再把万用表接入)、日光灯电流测量插孔(不测量电流时先短路,测量电流时再把万用表接入)、镇流器、日光灯管一端、启辉器、日光灯管另一端、调压器输出地线端按顺序连接到实验线路中。

(2) 用导线将电容器电流测量插孔与电容器组串联再与上述日光灯电路并联,并将电容器组中各电容器的控制开关均置于断开位置(注意:电容器电流测量

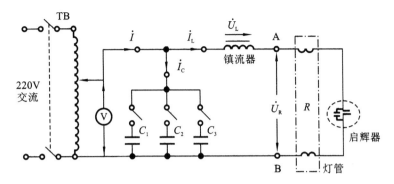

图 5-1 日光灯电路原理图

插孔应连接在总电流测量插孔的后面）。

（3）实验电路接线完成后，经检查无误后，方可进行下一步操作。

（4）将安装在电工实验台左侧面的自耦变压器调压手柄按照逆时针方向旋转到底。

（5）合上实验台的总供电电源开关，按下启动按键。

（6）按下调压按键，使实验台的调压器开始工作。

（7）切断电源，用导线将万用表与调压器输出端相连接，按顺时针方向旋转自耦变压器的调压手柄，用万用表监测其交流电压，将调压器输出电压逐渐调升至 220 V。这时安装在实验台内部的日光灯灯管将会点亮，日光灯电路开始正常工作。

（8）使用万用表，按表 5-1 中的顺序，依次测量电路端电压 U、电路总电流 I、日光灯灯管电压 U_R，将测量结果记入表 5-1 中。

表 5-1　日光灯电路的测量

项　　目	U/V	I/A	U_R/V	$\cos\varphi$
测量值				

2. 日光灯并联电容后的测量过程。

按照表 5-2 中列出的电容器容量值，逐项测量电路总电流 I、日光灯支路电流 I_R（或 I_L）、电容器支路电流 I_C 的数值，并将测量结果记入表 5-2 中。

表 5-2　并联电容提高功率因数

项目 电容值	I/A	I_R 或 I_L/A	I_C/A	$\cos\varphi$
1 μF				
2.2 μF				
3.2 μF				

续表

项目 电容值	I/A	I_R 或 I_L/A	I_C/A	$\cos\varphi$
4.7 μF				
5.7 μF				
6.9 μF				

（三）注意事项

1. 实验前需要了解日光灯电路的工作原理。

2. 本实验使用220 V线路供电，在进行日光灯电路的连接线操作时，务必切断实验台供电电源开关，严禁带电操作。

3. 在本次实验中需要测量三条支路电流，需要在实验电路中接入三个电流测量插孔，如果接入的电流测量插孔个数不够，将无法正常完成电流数值的测量。

4. 如果实验电路接线正确，接通工作电源后日光灯不能正常点亮，可转动启辉器以使日光灯点亮。

5. 在实验连线中、检查实验连线时以及实验结束后拆线时，均应切断电源，在断电状态下操作。

6. 实验完毕，拆线时用力不要过猛，以防拔断导线，最好是轻轻地旋拔。做完实验后，收拾好实验设备与器材。

（四）实验要求

1. 根据表5-2中的实验数据，计算在并联不同容量值的电容器时日光灯电路的功率因数 $\cos\varphi$。

2. 根据上述数据，分析并得出日光灯电路功率因数改善效果最佳的电容器容量值。

实验六　单级共射放大电路

一、实验目的

1. 掌握放大器静态工作点调试方法及其对放大器性能的影响。
2. 了解共射极电路特性。
3. 学习测量放大器 Q 点，A_u、R_i、R_o 的方法。
4. 观察静态工作点和交、直流负载线对放大器和波形的影响。
5. 学习放大器的动态性能。

二、时间安排

本次实验的时间安排为 3 学时。

三、实验仪器

1. 模拟电子实验箱　　　　1 台
2. 示波器　　　　　　　　1 台
3. UT30B 型数字万用表　　1 台

四、实验内容

1. 实验原理。

图 6-1 所示为电阻分压式单管单级共射放大实验电路。它的偏置电路采用 $R_{b1}(R_{b11}+R_{p1})$ 和 R_{b12} 组成的分压电路，并在发射极中接有电阻 R_e，以稳定放大器的静态工作点。当在放大器的输入端加入信号 U_i 时，在放大器的输出端便可得到一个与 U_i 相位相反，幅值被放大了的输出信号 U_o，从而实现了电压放大。

在图 6-1 电路中，当流过偏置电阻 R_{b1} 和 R_{b12} 的电流远大于三极管 BG1 的基极电流 I_b 时(一般 5~10 倍)，它的静态工作点可用下式估算。

$$U_b \approx \frac{R_{b1}}{R_{b1}+R_{b12}} \times U_{cc}$$

$$I_e \approx \frac{U_b - U_{be}}{R_e} \approx I_c \quad U_{ce} = U_{cc} - I_c(R_c + R_e)$$

电压放大倍数为

$$A_u = -\beta \frac{R_c // R_L}{r_{be}}$$

输入电阻　　　　　　　　$R_i = R_{b1} // R_{b12} // r_{be}$

输出电阻 $R_o \approx R_c$

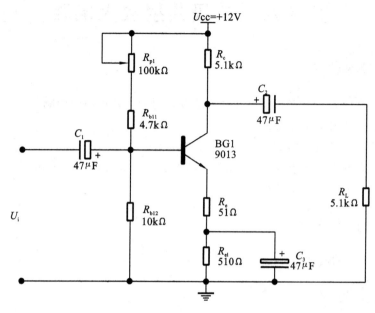

图 6-1　单级共射放大电路

2. 放大器静态工作点的测量和调试。

(1) 静态工作点的测量。

测量放大器静态工作点,应在输入信号 $U_i=0$ 的情况下进行,即将放大器输入端与地端短接,然后使用万用表,分别测量三极管的集电极电流 I_c 以及各电极对地的电位 U_b、U_c 和 U_e。一般实验中,为了避免断开集电极,所以采用测量电压 U_e 或 U_c,然后算出 I_c 的方法。例如,只要测出 U_e,即可用 $I_c \approx I_e = U_e/R_e$ 算出 I_c,也可根据 $I_c = (U_{cc} - U_c)/R_c$,由 U_c 确定 I_c,同时也能算出 $U_{be} = U_b - U_e$,$U_{ce} = U_c - U_e$。

为了减少误差,提高测量精度,应选用内阻较高的直流电压表。

(2) 静态工作点的调试。

放大器静态工作点的调试是指对三极管集电极电流 I_c(或 U_{ce})的调整与测试。

静态工作点是否合适,对放大器的性能和输出波形都有很大影响。如工作点偏高,放大器在加入交流信号以后易产生饱和失真,此时 U_o 的负半周将被削底,如图 6-2(a)所示;如工作点偏低,则易产生截止失真,即 U_o 的正半周将被削顶(而截止失真不如饱和失真明显),如图 6-2(b)所示。这些情况都不符合不失真放大的要求。所以在选定工作点以后还必须进行动态调试,即在放大器输入端加入一定的 U_i,检查输出电压 U_o 的大小和波形是否满足要求。如不满足,则应调整静态工作点的位置。

改变电路参数 U_{cc}、R_c、R_b（R_{b1}、R_{b12}）都会引起静态工作点的变化。但通常都采用调节偏置电阻 R_b 的方法来改变静态工作点，如增加 R_{b1}，可使静态工作点提高。

最后还要说明的是，上面所说的工作点"偏高"或"偏低"不是绝对的。应该是相对信号的幅度而言，如信号幅度小，即使工作点较高或较低也不一定会出现失真。所以确切地说，产生波形失真是信号幅度与静态工作点设置配合不当所致。如需满足较大信号幅度的要求，静态工作点最好尽量靠近交流负载线的中心。

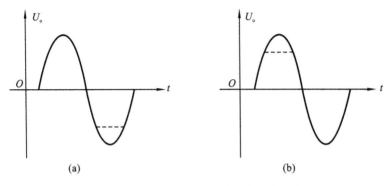

图 6-2 静态工作点对 U_o 波形失真的影响

3. 放大器的动态指标测试。

放大器的动态指标包括电压放大倍数、输入电阻、输出电阻、最大不失真输出电压（动态范围）和通频带等。

(1) 电压放大倍数 A_u 测量。

调整放大器到合适的静态工作点，然后加入输入电压 U_i，在输出电压 U_o 不失真的情况下，用交流毫伏表测出 U_i 和 U_o 的有效值 U_i 和 U_o，则

$$A_u = \frac{U_o}{U_i}$$

(2) 输入电阻 R_i 的测量。

为了测量放大器的输入电阻，在被测放大器的输入端与信号源之间串入一已知电阻 R，在放大器正常工作的情况下，用交流毫伏表测出 U_s 和 U_i，则根据输入电阻的定义可得

$$R_i = \frac{U_i}{U_o} = \frac{U_i}{U_R/R} = \frac{U_i}{(U_s - U_i)/R}$$

测量时应注意：

① 由于电阻 R 两端没有电路公共接地点，所以测量 R 两端电压 U_R 时必须分别测出 U_s 和 U_i，然后按 $U_R = U_s - U_i$ 求出 U_R 值；

② 电阻 R 的值不宜取得过大或过小，以免产生较大的测量误差，通常取 R 与 R_i 为同一数量级，本实验可取 $R = 1 \sim 5 \text{ k}\Omega$。

(3) 输出电阻 R_o 的测量。

在放大器正常工作条件下,测出输出端不接负载 R_L 的输出电压 U_o 和接入负载的输出电压 U_L,根据

$$U_L = \frac{R_L}{R_o + R_L} U_o$$

即可求出 R_o。

$$R_o = \left(\frac{U_o}{U_L} - 1\right) R_L$$

在测试中应注意,须保持 R_L 接入前后输入信号的大小不变。

(4) 最大不失真输出电压 U_{opp} 的测量(最大动态范围)。

如上所述,为了得到最大动态范围,应将静态工作点调在交流负载线的中点。为此在放大器正常工作情况下,逐步增大输入信号的幅度,并同时调节 R_{p1}(改变静态工作点),用示波器观察 U_o,当输出波形同时出现削底和削顶现象时,说明静态工作点已调在交流负载线的中点。然后反复调整输入信号,使波形输出幅度最大,且无明显失真时,用示波器直接读出 U_{opp} 来。

(5) 放大器幅频特性的测量。

放大器的幅频特性是指放大器的电压倍数 A_u 与输入信号频率 f 之间关系的曲线。单管阻容耦合放大电路的幅频特性曲线如图 6-3 所示,A_{um} 为中频电压放大倍数,通常规定电压放大倍数随频率的变化到中频放大倍数的 0.707 时所对应的频率分别称为下限频率 f_L 和上限频率 f_H,则通频带 $f_{BW} = f_H - f_L$。

放大器的幅频特性曲线就是测量不同频率信号时的电压放大倍数 A_u。为此,可采用前述测 A_u 的方法,每改变一个信号频率,测量其相应的电压放大倍数。测量时应注意取点要恰当,在低频段与高频段应多测几点,在中频段可以少测几点。此外,在改变频率时,要保持输入信号的幅度不变,且输出波形不得失真。

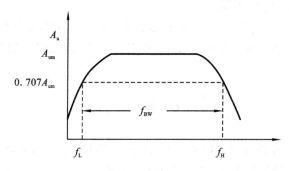

图 6-3 幅频特性响应

五、测量过程

1. 连接线路。

(1) 按图 6-1 连接电路(注意:接线前先测量+12 V 电源,切断电源后再连线),将 R_{p1} 的阻值调到最大位置。

(2) 接线完毕仔细检查,确定无误后接通电源。

2. 静态工作点的测试。

电路参考如图 6-1 所示,改变 R_{p1} 的阻值,用万用表测量 U_{ce} 的值。

放大区　$U_{cc} > U_{ce} > 1$

饱和区　$U_{ce} < 1$

截止区　$U_{ce} \approx U_{cc}$

3. 放大倍数的测试。

(1) 将信号发生器调到 $f = 1$ kHz、幅值 5 mV,接到放大器输入端 U_i,观察 U_i 和 U_o 端波形,并比较相位。

(2) 信号源频率不变,逐渐加大 U_i 信号幅度,观察 U_o 不失真时的最大值并填表 6-1。

表 6-1　U_o 不失真时数值

实　　测		实测计算	估　　算
U_i/mV	U_o/V	A_u	A_u

(3) 保持 $U_i = 5$ mV 不变,放大器接入负载 R_L,在改变 R_c 数值情况下测量,并将计算结果填表 6-2。

表 6-2　U_o 及放大倍数 A_u 表

给定参数		实　　测		实测计算	估　　算
R_c	R_L	U_i/mV	U_o/V	A_u	A_u
2 kΩ	5.1 kΩ				
2 kΩ	1 kΩ				
5.1 kΩ	5.1 kΩ				
5.1 kΩ	1 kΩ				

(4) 保持 $U_i=5$ mV 不变,增大和减小 R_{p1},观察 U_o 波形变化,观察结果并填入表 6-3。

表 6-3 U_o 波形图

R_{p1}	U_b	U_c	U_e	输出波形情况
最大				
合适				
最小				

注意:若失真观察不明显可增大或减小 U_i 幅值重测。

4. 测量放大器输入、输出电阻。

(1) 输入电阻测量。

在输入端串接一个 4.7 kΩ 电阻,测量 U_s 与 U_i 即可计算 R_i。

$$R_i = \frac{U_i}{I_i} = \frac{U_i}{(U_s - U_i)/R_s}$$

(2) 输出电阻测量。

在输出端接入可调电阻作为负载,选择合适的 R_L 值使放大器输出不失真(接示波器监视),测量加负载和空载时的 U_o 即可计算 R_o。将上述测量及计算结果填入表 6-4。

表 6-4 加负载、空载时的 U_o 值

测量输入电阻 $R_s=5.1$ kΩ				测量输出电阻			
实测		测算	估算	实测		测算	估算
U_s/mV	U_i/mV	R_i	R_i	$U_o(R_L=\infty)$/V	$U_o(R_L=)$/V	R_o/kΩ	R_o/kΩ

实验七 运算放大器基本运算及其应用

一、实验目的

1. 掌握用集成运算放大器组成比例、求和电路、积分与微分电路的方法和特点。
2. 掌握集成运算放大器开环应用的方法。
3. 掌握各种集成运算放大电路参数选择和调试方法。

二、时间安排

本次实验的时间安排为3学时。

三、实验仪器

1. 模拟电子实验箱   1台
2. 示波器   1台
3. UT30B型数字万用表   1台

四、运算放大器的测量

1. 反相比例放大器的连接与测量。

（1）按图7-1所示连接反相比例放大器。

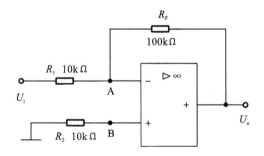

图7-1 反相比例放大器

（2）电路性能描述。

理想化条件：

虚断，$i_- = i_+ \approx 0$

虚短，$u_- \approx u_+ \approx 0$。

输出电压

$$U_o = -\frac{R_F}{R_1}U_i$$

放大倍数

$$A_{uf} = \frac{U_o}{U_i} = -\frac{R_F}{R_1}$$

平衡电阻

$$R_2 = R_1 // R_F$$

当 $R_1 = R_F$ 时,$A_{uf} = -1$,图 7-1 所示的反相比例放大器就称为反相器。

(3)测量输出电压 U_o,将测试数据填入表 7-1 中。

表 7-1 反相比例放大器测试数据表

直流输入电压 U_i/mV		0	30	100	300	1000	2000	3000
输出电压 U_o	理论估值/mV							
	实测值/mV							
	相对误差							

注意:后三组的误差大,请分析原因。

(4)分析测试数据,作出结论。

(5)其他数据测量,并将数据填入表 7-2。

表 7-2 集成运放理想化应用测试表(反相比例放大器)

	测试条件	理论估算	实测值
U_o	R_L 开路,直流输入信号由 0 变为 800 mV		
U_{AB}			
U_{R_2}			
U_{R_1}			
U_{oL}	$U_i = 800$ mV,R_L 由开路变为 5.1 kΩ		

(6) 分析测试数据,作出结论。

2. 同相比例放大器的连接与测量。

(1) 按图 7-2 所示连接同相比例放大器。

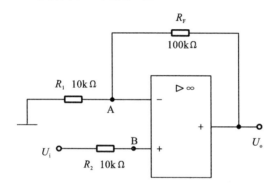

图 7-2 同相比例放大器

(2) 电路性能描述。

输出电压

$$U_o = \left(1 + \frac{R_F}{R_1}\right)U_i$$

放大倍数

$$A_{uf} = \frac{U_o}{U_i} = 1 + \frac{R_F}{R_1}$$

当 $R_F \to 0$ 或 $R_1 = \infty$ 时,$A_{uf} \to 1$,图 7-2 所示为跟随器。

(3) 电路性能测试,将测试数据填入表 7-3 和表 7-4 中。

表 7-3 同相比例放大器测试数据表

直流输入电压 U_i/mV		0	30	100	300	1000	2000	3000
输出电压 U_o	理论估值/mV							
	实测值/mV							
	相对误差							

注意:后三组的误差大,请分析原因。

表7-4 集成运放理想化应用测试表

	测试条件	理论估算	实 测 值
U_o	R_L开路,直流输入信号由 0 变为 800 mV		
U_{AB}			
U_{R_2}			
U_{R_1}			
U_{oL}	$U_i=800\text{ mV}, R_L$ 由开路变为 5.1 kΩ		

(4)分析测试数据,作出结论。

3. 电压跟随器的连接及测量。

(1)按图 7-2 所示连接电压跟随器,其特性为

$$U_o = U_i$$
$$A_{uf} = 1$$

本电路测试所用信号可以用直流信号,也可用交流信号,建议使用直流信号源,用万用表能直观地看出输出信号与输入信号的大小及相位关系。

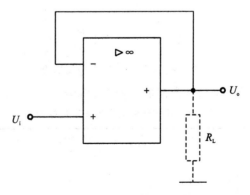

图 7-3 电压跟随器

(2)将测量数据记录在表 7-5 中。

表 7-5　电压跟随器测量数据表

直流输入 U_i/V		−2	−1	−0.5	0	0.5	1	2
U_o/V	$R_L=\infty$							
	$R_L=5.1\ k\Omega$							

(3) 分析测试数据,作出结论。

4. 反相求和放大电路的连接与测试。

(1) 按图 7-4 所示连接反相求和放大电路。

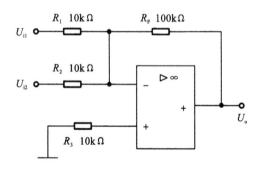

图 7-4　反相求和放大电路

(2) 电路性能描述。

(3) 按表 7-6 内容进行实验测量并填表,并与理论计算值进行比较。

表 7-6　反相求和放大电路测试数据表

U_{i1}/V	0.3	−0.3
U_{i2}/V	0.2	0.2
实测值 U_o/V		
理论值 U_o/V		

(4) 分析测试数据,作出结论。

5. 双端输入求和放大电路的连接与测试。

(1) 按图 7-5 所示连接双端输入求和放大电路。

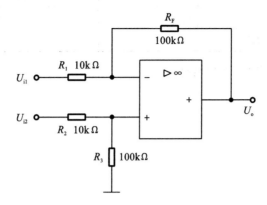

图 7-5 双端输入求和放大电路

(2) 电路性能描述。

(3) 按表 7-7 要求进行实验测量并填表,并与理论计算值进行比较。

表 7-7 双端输入求和放大电路测试数据表

U_{i1}/V	1	2	0.2
U_{i2}/V	0.5	1.8	−0.2
实测值 U_o/V			
理论值 U_o/V			

(4) 分析测试数据,作出结论。

实验八　基本逻辑门电路实验

一、实验目的

1. 熟悉 RXS-1A 数字电路实验箱的使用方法。
2. 掌握 TTL 与非门、与或门和异或门输入与输出之间的逻辑关系。
3. 熟悉 TTL 中、小规模集成电路的外形、管脚和使用方法。
4. 掌握集成门电路逻辑功能的转换。
5. 学会连接简单的组合逻辑电路。

二、时间安排

本次实验的时间安排为 3 学时。

三、实验仪器

1. RXS-1A 数字电路实验箱　　　　1 台
   含：4-2 输入与非门 74LS00　　　2 片
   　　4-2 输入或非门 74LS28　　　1 片
   　　4-2 输入异或门 74LS86　　　1 片
2. UT30B 型数字万用表　　　　　　1 台

三、实验内容

(一) 集成逻辑门电路简介

集成逻辑门电路是最简单、最基本的数字器件。虽然由于中、大规模集成电路的相继问世,大大简化了数字电路的设计,在设计时不必都用单个逻辑门组合,而可以选用适当的中、大规模集成电路去组成,使得整个电路的体积更小,工作更可靠,但是,单用中、大规模数字集成电路毕竟不能满足所有数字电路的需要。因此,目前各种逻辑门在数字电路中不仅是不可缺少的,而且是经常使用的基本集成电路器件。毫无疑问,对实际工作者来说,掌握各种集成逻辑门,特别是集成与非门的功能是重要的,熟练而灵活地使用它们是必须具备的基本技能。

TTL 集成电路工作速度高、种类多、工作可靠,因而使用广泛。

1. TTL 门电路使用规则。

(1) 电源:V_{CC},+5($\pm 10\%$)V。

(2) 输出严禁并联使用(OC 门、三态门除外)。

(3) 输出不能直接接电源或地。

(4) 不用的输入端悬空或接高电平。

(5) 输出高电平"1"时 $U_{OH} \geq 2.4$ V,输出低电平"0"时 $U_{OL} \leq 0.4$ V。

本实验中使用的 TTL 集成门电路是双列直插型的集成电路,其管脚识别方法:将 TTL 集成门电路正面(印有集成门电路型号标记)正对自己,有缺口或有圆点的一端置向左方,左下方第一管脚即为管脚"1",按逆时针方向数,依次为 1、2、3、4…,如图 8-1、图 8-2、图 8-3 所示。具体的各个管脚的功能可通过查找相关手册得知,本书实验所使用的器件均已提供其功能。

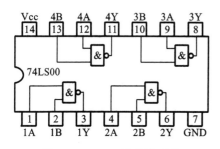

图 8-1　74LS00 引脚排列图

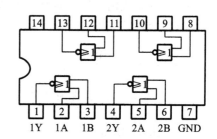

图 8-2　74LS28 引脚排列图

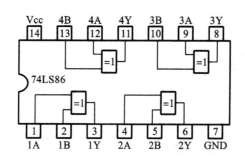

图 8-3　74LS86 引脚排列图

2. 常用门电路的逻辑表达式。

$$Y=\overline{A \cdot B} \quad Y=\overline{A} \quad Y=A \cdot B \quad Y=A+B \quad Y=\overline{A+B} \quad Y=\overline{A}B+A\overline{B}$$

3. 逻辑代数基本定理。

$$\overline{A \cdot B}=\overline{A}+\overline{B} \quad \overline{A+B}=\overline{A} \cdot \overline{B}$$

4. 简单组合逻辑电路的连接方法。

根据被实现电路图找出相应的集成电路,正确连接电源;然后从电路图的输入端到输出端采用分级分层的方式进行电路的连接;确认电路连接无误后接通电源。"分级分层"示意图如图 8-4 所示。

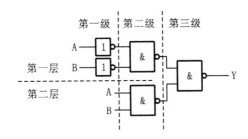

图 8-4　分级分层示意图

（二）测试过程

1. 熟悉 RXS-1A 数字电路实验箱的使用方法（必做）。

根据 RXS-1A 数字电路实验箱使用说明，使用万用表对直流稳压电源、逻辑开关等进行测量；使用示波器对各种信号源进行测量，了解并掌握各部分的作用。再将逻辑开关分别与逻辑状态显示、LED 数码显示管连接起来，观察并记录其随着逻辑开关变化，各种显示（逻辑状态显示、LED 数码管显示）变化的情况。从而掌握显示的作用。

2. 测试基本 TTL 门电路逻辑关系（必做）。

74LS00 中包含 4 个 2 输入与非门，74LS28 中包含 4 个 2 输入或非门，74LS86 中包含 4 个 2 输入异或门，各画出测试第一个逻辑门逻辑关系的接线图及测试结果。测试其他逻辑门时的接线图与之类似。测试时各器件的引脚 7 接地，引脚 14 接 +5 V。K1，K2 是逻辑开关输出，LED0 是逻辑状态显示灯。

（1）正确识别集成电路的管脚功能，给集成电路加上合适的工作电压。

（2）分别从 74LS00、74LS28、74LS86 内部任选择一个门电路，将门电路输入端接逻辑电平开关，输出端接逻辑电平显示灯。测试 74LS00 逻辑关系接线图如图 8-5 所示；测试 74LS28 逻辑关系接线图如图 8-6 所示；测试 74LS86 逻辑关系接线图如图 8-7 所示。

（3）按表 8-1 改变输入端的状态组合，观察输出端的状态变化情况，并与理论值分析对比后将实验结果记入表 8-1 中。

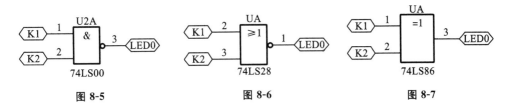

图 8-5　　　　　　　图 8-6　　　　　　　图 8-7

表 8-1　三种逻辑器件测试数据表

输入状态		输出状态		
A	B	74LS00	74LS28	74LS86
0	0			
0	1			
1	0			
1	1			

3. 用与非门组成其他门电路(选做)。

自拟实验步骤和表格,设计电路,连接电路并验证其逻辑功能。

(1) 用与非门组成非门。

(2) 用与非门组成 2 输入或门。

(3) 用与非门组成与或非门。

(4) 用与非门组成异或门。

4. 用与非门实现组合逻辑功能(选做):$Y = \overline{A}C + A\overline{B}C$

5. 与非门、或非门开门和关门功能的验证(选做)。

按图 8-8 所示的电路连接。用示波器观察与非门输出波形,波形图如图 8-9 所示,验证与非门的开门、闭门功能。同理也可验证或非门的开门、闭门功能。用 EWB 仿真:B 为 500 Hz,5 V;A 为 50 Hz,5 V)。

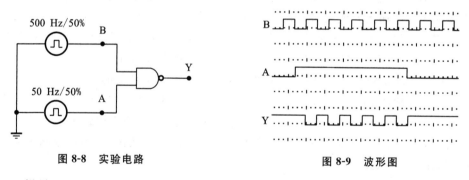

图 8-8　实验电路　　　　　　图 8-9　波形图

提示:

(1) 将被测器件插入实验箱上的 14 脚插座中;

(2) 将器件的引脚 7 与实验箱的 GND 连接,将器件的引脚 14 与实验箱的 +5 V 连接;

(3) 用实验箱的逻辑开关输出作为被测器件的输入,按入或弹出逻辑开关,则改变器件的输入电平;

(4) 将被测器件的输出引脚与实验箱上的逻辑状态显示灯连接,指示灯亮红色表示输出电平为"1",指示灯亮绿色表示输出电平为"0"。

实验九 组合逻辑电路的设计

一、实验目的

1. 掌握用中、小规模集成电路设计组合逻辑电路的设计与测试方法。
2. 熟悉集成门电路的使用。
3. 掌握二进制译码器的原理与应用方法。

二、时间安排

本次实验的时间安排为 3 学时。

三、实验仪器

1. 数字电路实验箱　　　　　　1 台
含：4-2 输入与非门 74LS00　　2 片
　　双 4 输入与非门 74LS20　　1 片
　　3-8 线译码器 74LS138　　　1 片
2. UT30B 型数字万用表　　　　1 台

四、实验内容

(一) 集成电路引脚排列

1. 74LS00 管脚排列如图 9-1 所示。

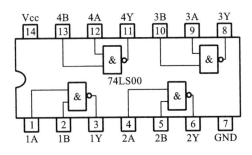

图 9-1　74LS00 管脚排列图

2. 74LS20 管脚排列如图 9-2 所示。

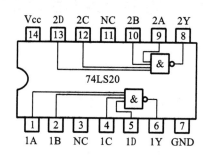

图 9-2　74LS20 管脚排列图

3. 74LS138 的管脚排列如图 9-3 所示。

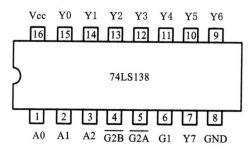

图 9-3　74LS138 的管脚排列图

74LS138 实际是用与非门实现的 3-8 线译码器,其内部具体结构见图 9-4。
当控制门的输出为高电平(S=1)时,由图 9-4 可写出:

$$\begin{cases} \overline{Y0} = \overline{\overline{A2}\ \overline{A1}\ \overline{A0}} \\ \overline{Y1} = \overline{\overline{A2}\ \overline{A1}\ A0} \\ \overline{Y2} = \overline{\overline{A2}\ A1\ \overline{A0}} \\ \overline{Y3} = \overline{\overline{A2}\ A1\ A0} \\ \overline{Y4} = \overline{A2\ \overline{A1}\ \overline{A0}} \\ \overline{Y5} = \overline{A2\ \overline{A1}\ A0} \\ \overline{Y6} = \overline{A2\ A1\ \overline{A0}} \\ \overline{Y7} = \overline{A2\ A1\ A0} \end{cases}$$

据此,74LS138 的功能表如表 9-1 所示。

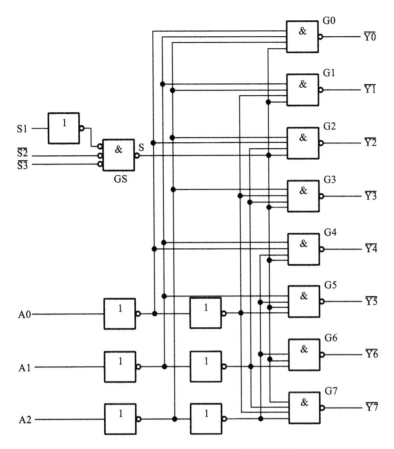

图 9-4　74LS138　3-8 线译码器内部结构图

表 9-1　74LS138 功能表

输入					输出							
G1	$\overline{G2A}+\overline{G2B}$	A2	A1	A0	$\overline{Y0}$	$\overline{Y1}$	$\overline{Y2}$	$\overline{Y3}$	$\overline{Y4}$	$\overline{Y5}$	$\overline{Y6}$	$\overline{Y7}$
0	×	×	×	×	1	1	1	1	1	1	1	1
×	1	×	×	×	1	1	1	1	1	1	1	1
1	0	0	0	0	0	1	1	1	1	1	1	1
1	0	0	0	1	1	0	1	1	1	1	1	1
1	0	0	1	0	1	1	0	1	1	1	1	1
1	0	0	1	1	1	1	1	0	1	1	1	1
1	0	1	0	0	1	1	1	1	0	1	1	1
1	0	1	0	1	1	1	1	1	1	0	1	1
1	0	1	1	0	1	1	1	1	1	1	0	1
1	0	1	1	1	1	1	1	1	1	1	1	0

(二)组合逻辑电路设计

1. 设计组合逻辑电路的一般方法与步骤如下:

(1) 根据设计任务要求,定义输入逻辑变量和输出逻辑变量。

(2) 列出输入变量与输出函数之间的真值表。

(3) 由真值表写出逻辑函数式,用卡诺图或代数化简法求出最简逻辑函数式。

(4) 根据逻辑函数式画出逻辑电路图,用标准器件构成电路。

(5) 用实验来验证设计的正确性。

2. 设计要求。

(1) 用 2 输入与非门 74LS00 实现半加器,并通过逻辑电平显示(即一组发光二极管)输出电平,高电平点亮。

(2) 设计测试译码器 74LS138 功能的实验方案。

(3) 用 74LS138 和 74LS20 实现全减器的功能。

提示:设被减数为 A,减数为 B,来自低位的借位为 J_0;所得的差为 D,借位为 J,则有

$$D(A,B,J_0) = \sum m(1,2,4,7)$$

$$J(A,B,J_0) = \sum m(1,2,3,7)$$

(三)实验过程

1. 检查与非门。

将 74LS00 的 V_{CC}(14 脚)接通 5 V 电源,将 GND 端(7 脚)接地,用万用表测 14 脚与 7 脚之间的电压应有 5 V。其他管脚均悬空,用万用表的电压挡测量各管脚的对地电压,输入端对地应有 1.0~1.4 V 的电压,而输出端的读数为 0.2 V 左右。否则,门电路可能已损坏。

2. 半加器。

按自己设计的半加器连接好电路,也可参考图 9-5 接线,按表 9-2 验证其逻辑功能。如果实测结果与半加器的功能不符,请自行检查线路并排除故障。测试过

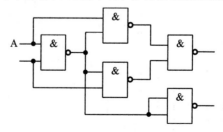

图 9-5 半加器电路

程中,输入高电平可直接接 V_{CC},低电平直接接地。输出用数字电路实验箱内的电平指示来显示。

表 9-2 半加器真值表

A	B	S	C
0	0	0	0
0	1	1	0
1	0	1	0
1	1	0	1

3. 74LS138 功能测试。

按表 9-1 验证 74LS138 功能,步骤自拟,并将验证过程简要说明。

当 $G1 \cdot \overline{G2A} \cdot \overline{G2B} \neq 100$ 时,输出端全为高电平,当 $G1 \cdot \overline{G2A} \cdot \overline{G2B} = 100$ 时,根据输入信号的不同,相应输出端为低电平,其他输出端全为高电平。

4. 用 74LS138 和 74LS20 设计全减器。

列出真值表,由真值表写出逻辑函数式,根据逻辑函数式画出逻辑电路图,用标准器件 74LS138 和 74LS20 构成电路;接好实验电路,接上电源,用实验来验证设计的正确性。将结果填入表 9-3 中。

表 9-3 全减器功能测试表

A	B	J_0	D	J
0	0	0		
0	0	1		
0	1	0		
0	1	1		
1	0	0		
1	0	1		
1	1	0		
1	1	1		

实验十　用 74LS160 组成 N 进制计数器

一、实验目的

1. 掌握集成计数器的功能测试及应用。
2. 用异步清零端设计六进制计数器,显示选用数码管完成。
3. 用同步置 0 设计七进制计数器,显示选用数码管完成。

二、时间安排

本次实验的时间安排为 3 学时。

三、实验仪器

1. 数字电路实验箱　　　　　1 台
　含:74LS160 集成电路　　　1 片
　　　LED 七段数码管　　　 1 片
2. UT30B 型数字万用表　　　1 台

四、实验内容

(一) 74LS160 集成电路简介

1. 74LS160 的引脚排列如图 10-1 所示。

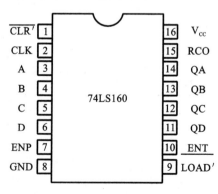

图 10-1　74LS160 引脚图

A~D:并行数据输入端。

QA ~ QD:数据输出端。

ENP、ENT(EP、ET):计数控制端。

RCO:进位输出端。

CLK(CP):时钟输入。

$CLR'(\overline{CR})$:异步清除输入端。

$LOAD'(\overline{LD})$:同步并行置入控制端。

2. 74LS160集成电路功能表如表10-1所示。

表10-1 74LS160集成电路功能表

			输	入						输	出	
CLK	CLR'	LOAD'	ENP	ENT	A	B	C	D	QA	QB	QC	QD
×	0	×	×	×	×	×	×	×	0	0	0	0
↑	1	0	×	×	a	b	c	d	a	b	c	d
×	1	1	0	1	×	×	×	×	保持			
×	1	1	×	0	×	×	×	×	保持(C=0)			
↑	1	1	1	1	×	×	×	×	计数			

由表9-1可知,74LS160具有以下功能。

(1) 异步清零。

当 $CLR'(\overline{CR})=0$ 时,不管其他输入端的状态如何(包括时钟信号 CP),计数器输出将被直接置零,称为异步清零。

(2) 同步并行预置数。

在 $CLR'(\overline{CR})=1$ 的条件下,当 $LOAD'(\overline{LD})=0$,且有时钟脉冲 CP 的上升沿作用时,A、B、C、D 输入端的数据将分别被 QA~QD 所接收。由于这个置数操作要与 CP 上升沿同步,且 QA、QB、QC、QD 的数据同时置入计数器,所以称为同步并行置数。

(3) 保持。

在 $CLR'(\overline{CR})=LOAD'(\overline{LD})=1$ 的条件下,当 ENT=ENP=0,即两个计数使能端中有低电平时,不管有无 CP 脉冲作用,计数器都将保持原有状态不变(停止计数)。需要说明的是,当 ENP=0、ENT=1 时,进位输出 C 也保持不变;而当 ENT=0 时,不管 ENP 状态如何,进位输出 RCO=0。

(4) 计数。

当 $CLR'(\overline{CR})=LOAD'(\overline{LD})=ENP=ENT=1$ 时,74LS160处于计数状态,电路从 0000 状态开始,连续输入 16 个计数脉冲后,电路将从 1111 状态返回到 0000 状态,RCO 端从高电平跳变至低电平。可以利用 RCO 端输出的高电平或下降沿作为进位输出信号。

3. 用74LS160组成十进制计数器。

(1) 用74LS160组成十进制计数器,其电路图如图10-2所示。

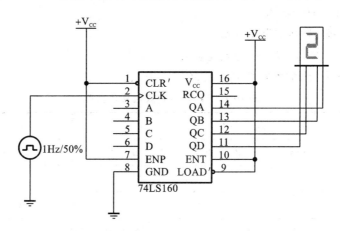

图10-2　74LS160组成十进制计数器电路

(2) 连上十进制加法计数器74LS160,如图10-2所示,给2号管脚加矩形波,看数码管显示结果,并记录显示结果。

4. 用74LS160和与非门组成六进制加法计数器-用异步清零端。

(1) 用74LS160和与非门组成六进制加法计数器-用异步清零端设计如图10-3所示。

在图10-3中,74LS160从0000状态开始计数,当输入第6个CP脉冲(上升沿)时,输出QDQCQBQA=0110,此时$\overline{CR}=\overline{QDQA}=0$,反馈给$\overline{CR}$端一个清零信号,立即使QDQCQBQA返回0000状态,接着$\overline{CR}$端的清零信号也随之消失,74LS160从0000状态开始新的计数周期。

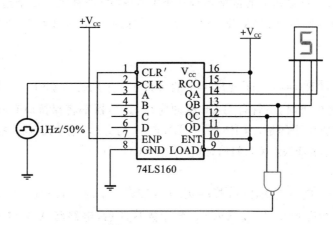

图10-3　用74LS160和与非门组成六进制加法计数器(用异步清零端设计)

(2) 连上图 10-3 所示线路,给 2 号管脚加矩形波,看数码管显示结果,并记录显示结果。

5. 用 74LS160 和与非门组成七进制加法计数器-用同步置零设计。

(1) 连接线路,如图 10-4 所示。

在图 10-4 所示的同步清零端计数器中,计数器从 QDQCQBQA＝0000 开始计数,当第 6 个 CP 到达后,计到 0110,此时 $\overline{LD}=\overline{QCQB}=0$。并不能立即清零,而是要等第 7 个脉冲上沿到来后,计数器被置成 0000。不会用异步清零端那样出现 0110 过渡状态,这是与用异步清零端的差别。

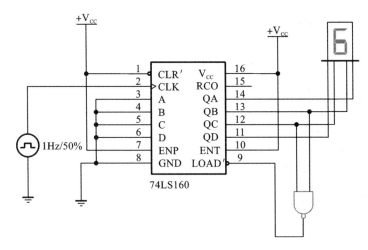

图 10-4　同步清零端设计计数器

(2) 给 2 号管脚加矩形波,看数码管显示结果,并记录显示结果。

实验十一 时序逻辑电路(计数器和寄存器)设计

一、实验目的

1. 掌握同步计数器设计方法与测试方法。
2. 掌握常用中规模集成计数器的逻辑功能和使用方法。

二、时间安排

本次实验的时间安排为 3 学时。

三、实验仪器

1. 数字电路实验箱　　　　　　1 台
2. 示波器　　　　　　　　　　1 台
3. 74LS163、74LS00、74LS20　　若干

四、实验内容

(一) 计数器

计数器不仅可用来计数,也可用于分频、定时和数字运算。在实际工程应用中,一般很少使用小规模的触发器组成计数器,而是直接选用中规模集成计数器。

1. 集成电路简介

74LS161(74LS163)为 4 位二进制(十六进制)计数器。

74LS161 是同步置数、异步清零的 4 位二进制加法计数器,其外部引脚见图 11-1,功能表见表 11-1。

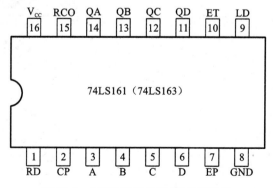

图 11-1　74LS161(74LS163)外部引脚

表 11-1　74LS161(74LS163)的功能表

清零	预置	使能		时钟	预置数据输入				输出				工作模式
RD	LD	EP	ET	CP	A	B	C	D	QA	QB	QC	QD	
0	×	×	×	×(↑)	×	×	×	×	0	0	0	0	异步清零
1	0	×	×	↑	DA	DB	DC	DD	DA	DB	DC	DD	同步置数
1	1	0	×	×	×	×	×	×	保持				数据保持
1	1	×	0	×	×	×	×	×	保持				数据保持
1	1	1	1	↑	×	×	×	×	计数				加1计数

2. 用 74LS161(74LS163)构成十进制计数器。

(1) 74LS163 同步置数构成十进制计数器接线图见图 11-2(a)。

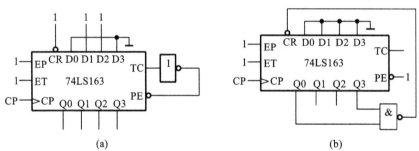

(a)　　　　　　　　　　　　(b)

图 11-2　74LS161 同步置数、同步清零的接线图

(a) 同步置数　(b) 同步清零

(2) 74LS163 同步清零构成十进制计数器接线图见图 11-2(b)。

(3) 按照图 11-2 所示接线,然后记录所测的结果,看结果是否与图 11-3 所示过程一致。

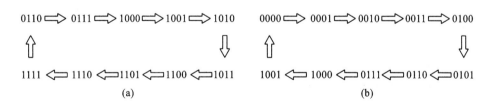

图 11-3　74LS163 同步清零和同步置数的十进制计数器状态转换过程图

(a) 同步置数十进制计数器状态转换过程　(b) 同步清零十进制计数器状态转换过程

注:74LS163 是同步置数、同步清零的 4 位二进制加法计数器。除清零为同步外,其他功能与 74LS161 相同,二者的外部引脚也相同。

实验十二 三相异步电动机直接启动控制

一、实验目的

1. 熟悉常用低压电器、仪表的使用及接线。
2. 熟悉三相异步电动机的铭牌数据,并能正确接线。
3. 训练三相异步电动机直接启动、点动控制线路的正确接线和调试。
4. 学习熔断器、接触器、空气开关、热继电器及按钮的使用方法。

二、时间安排

本次实验的时间安排为3学时。

三、实验仪器

1. 三相电工柜　　　　　　1台
内含:三相交流电源、空气开关、熔断器、交流接触器、热继电器、导线等。
2. 三相异步电动机　　　　1台
3. UT30B型数字万用表　　1台

四、实验内容

1. 实验原理图。

三相异步电动机的转动原理是,在通电的情况下,交流电流在电动机的内部产生旋转磁场,而电动机的转子切割磁感线而产生运动,从而把电能转换为机械能。

三相异步电动机直接启动电路如图12-1所示。

2. 实验要求。

(1) 认识常用低压电器和三相异步电动机的铭牌标记,了解其结构和工作原理及其接线方法。

(2) 能正确接入电气元件。初次接线,为预防接错,应用万用表检测。

(3) 先接主线路,再接辅助线路。

(4) 先接串联线路,再接分支部分。

(5) 所有元件布局及布线要安全、方便,同一相电源导线尽量用同种颜色。

3. 实验过程。

(1) 按照图12-1所示的三相异步电动机直接启动电路原理图接线,检查接线无错后,合上 QS,接入三相电源,按下 SB2(启动按钮),交流接触器 KM 线圈通电,接触器主触点闭合,电动机接通电源直接启动运转;同时与 SB2 并联的动合辅

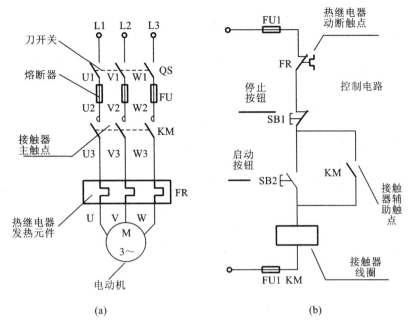

图 12-1　三相异步电动机直接启动电路原理图
(a) 主电路　(b) 控制电路

助触点 KM 闭合,当 SB2 复位时,接触器 KM 的线圈仍可通过 KM 触点继续通电,从而保持电动机的连续运行。这种依靠接触器自身辅助触点而使其线圈保持通电的方法称为自锁,起自锁作用的辅助触点称为自锁触点。需要使电动机停止运转时,按下 SB1(停止按钮),接触器 KM 线圈失电,KM 动合主触点断开,将三相电源切断,电动机 M 停止旋转,同时 KM 的动合辅助触点断开,解除自锁。当手松开按钮后,SB1 的动断触点在复位弹簧的作用下,随即恢复到原来的动断状态,为下次启动做好准备。

(2) 实验中容易出现的故障现象及其原因。

故障现象一:接通电源后,按启动按钮,接触器吸合,但电动机不转且发出"嗡嗡"声响,或者虽能启动,但转速很慢。这种故障大多是主回路一相断电或电源缺相。

故障现象二:接通电源后,按启动按钮,若接触器通断频繁,且发出连续的噼啪声或吸合不牢,发出颤动声,此类故障原因可能如下。

① 线路接错,将接触器线圈与自身的动断触头串在一条回路上了。
② 自锁触头接触不良,时通时断。
③ 接触器铁芯上的短路环脱落或断裂。
④ 电源电压过低或与接触器线圈电压等级不匹配。

(3) 关于控制线路中的保护措施。

图 12-1 所示的控制线路不仅具有控制电动机启停的功能,还具有如下一些重要的保护措施。

① 短路保护　熔断器 FU 作为主电路的短路保护,FU1 作为控制电路的短路保护。

② 过载保护　当电动机长时间过载时,热继电器 FR 动作,断开控制电路,使接触器线圈断电释放,电动机停止旋转,实现电动机过载保护。

③ 零电压保护　这种保护是依靠接触器本身的电磁结构来实现的。当电源电压由于某种原因而失电压(或严重欠电压)时,接触器的衔铁自行释放,电动机停止旋转。而当电源电压恢复正常时,接触器线圈也不能自动通电,只有在操作人员再次按下启动按钮 SB2 后,电动机才会启动,这就是零电压保护。有了零电压保护,可以防止电动机低电压运行,避免因发热而损坏电动机,更重要的是防止电源电压恢复时电动机突然启动运转,从而避免设备和人身的事故发生。

实 训 部 分

实训项目Ⅰ　TY360型万用表组装

一、实训目的

通过对一台万用表的安装、焊接、调试,了解电子产品的装配全过程,训练动手能力,掌握元器件的识别,简易测试,以及整机调试工艺。

二、实训要求

1. 对照原理图讲述整机工作原理。
2. 对照原理图看懂装配接线图。
3. 了解图上符号,并与实物对照。
4. 根据技术指标测试各元器件的主要参数。
5. 认真细致地安装、焊接,排除安装、焊接过程中出现的故障。

三、时间安排

本次实训时间安排为一周(30学时)。

四、实训内容

(一) 实训准备

1. 产品简介。

TY360型指针式万用表(见图Ⅰ-1)是一种多功能、多量程的便携式电工仪表,可以测量直流电流、交直流电压、电阻、晶体管共射极直流放大系数 h_{FE} 等。TY360型万用表具有26个基本量程和电平、晶体管直流参数等3个附加参考量程,是一种量限多、分挡细、灵敏度高、体形轻巧、性能稳定、过载保护可靠、读数清晰、使用方便的新型万用表。

2. 技术指标

TY360 型指针万用表技术指标见表Ⅰ-1。

图Ⅰ-1 TY360 型指针万用表

表Ⅰ-1 TY360 型指针万用表技术指标

功 能	基 本 量 程	基本精度
直流电流	2.5 mA 25 mA 500 mA	±3%
直流电压	2.5 V 10 V 50 V 250 V 1000 V	±3%
交流电压	10 V 50 V 250 V 1000 V	±4%
直流电阻	×1 Ω ×10 Ω ×100 Ω ×1 kΩ	±10%
通路蜂鸣	被测电路内阻≤30 Ω,蜂鸣器响,指示灯亮	
电池电量	0～1.5 V 电池,GOOD 位置表示电量充足	
规格重量	125 mm×84 mm×34 mm,≤135 g(不含电池)	

3. 工作原理。

(1) 电路原理图。

TY360 型指针万用表电路原理图如图Ⅰ-2 所示。

(2) TY360 型指针万用表工作原理。

因 TY360 型指针万用表可以用来测量很多参数,而每种参数的测量电路和工作原理又不尽相同,所以这里只简述其最基本的的工作原理。将图Ⅰ-2 化简后,得到万用表的简化原理图(见图Ⅰ-3)。

图Ⅰ-3 可知,万用表是由表头、电阻测量挡、电流测量挡、直流电压测量挡和

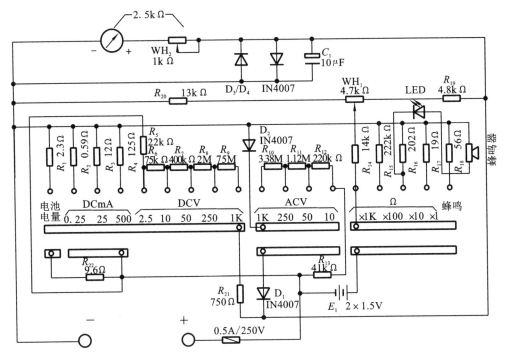

图 I-2 TY360型指针万用表电路原理图

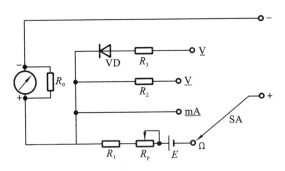

图 I-3 TY360型指针式万用表简化原理图

交流电压测量挡几个部分组成,图中"−"为黑表笔插孔,"+"为红表笔插孔。

测电压和电流时,外部有电流通入表头,因此不需内接电池。

当我们把挡位开关旋钮SA选择交流电压挡时,通过二极管VD整流,电阻R_3限流,由表头显示出来。

当选择直流电压挡时不需二极管整流,仅须电阻R_2限流,表头即可显示。

选择直流电挡时既不需二极管整流,也不需电阻R_2限流,表头即可显示。

① 电阻测量的工作原理。

测电阻时将转换开关SA拨到"Ω"挡,这时外部没有电流通入,因此必须使用内部电池作为电源。当外接被测电阻 R_x 时,由 R_x、电池 E(表内电池)、可调电位器 R_P(调零电阻)、表内等效电阻 R_g 和表头(表头的内阻已计算到 R_g 里)组成闭合电路,等效电路见图Ⅰ-4,此回路的电流 I 使表头指针发生偏转。图中红表笔("+"插孔)与电池的负极相连,黑表笔("-"插孔)与电池的正极相连。设可调电位器 R_P 与表内等效电阻 R_g 之和为 R,则回路中的电流为

$$I = \frac{E}{R_x + R}$$

从上式可知:I 和被测电阻 R_x 不成线性关系,所以表盘上电阻值的刻度也就是不均匀的。当电阻值小时,回路中的电流就大,指针摆动角度也就越大,因此电阻值刻度和电流就表现为反向关系。当万用表红、黑两表笔直接连接时,即相当于外接电阻 $R_x = 0$,那么

$$I = \frac{E}{R_x + R} = \frac{E}{R}$$

此时通过表头的电流最大,表头摆动幅度也最大,指针指向满刻度处,显示阻值为 $0\ \Omega$。

反之,当万用表红、黑两表笔开路时,$R_x \to \infty$,R 可以忽略不计,那么

$$I = \frac{E}{R_x + R} = \frac{E}{R_x} \to 0$$

此时通过表头的电流最小,因此指针指向 0 刻度处,显示阻值就为∞。

当在回路中表头和 R_P 两端并联分流电阻后,回路中被测电阻的测量范围(量程)就可以扩大,若分别换为图Ⅰ-3 中的 $R14$、$R15$、$R16$、$R17$,则万用表就可以测量×1 kΩ、×100 Ω、×10 Ω、×1 Ω 几个量程的电阻值了。

② 直流电流测量工作原理。

在图Ⅰ-3中,将转换开关 SA 拨到"mA"挡,这样被测电流就从红表笔处流入,经过表头,从黑表笔处流出,形成了一个电流回路,回路中的流过的电流就是被测电流。当把表头上并联一个适当的电阻(称分流电阻),就可以对被测电流进行分流,具体分流电路如图Ⅰ-5所示,图中流过表头的电流(即分流后的电流)和被测电流之间存在一定的关系,利用这个关系,将电流表上固有刻度做相应换算,就可以得到被测电流。改变分流电阻的阻值,就可以改变电流测量范围(挡位)。

③ 直流电压测量工作原理。

在图Ⅰ-3中,将转换开关 SA 拨到"V"挡,将被测直流电压(相当于直流电源)接入到红、黑表笔两端,这样就构成了直流电压测量电路,电路见图Ⅰ-6。在图Ⅰ-6中,在被测直流电压、倍增电阻(图Ⅰ-3中的 R_2)、表头、红表笔、黑表笔连接构成了一个回路,回路中 I 和被测直流电压之间的关系为

$$I = \frac{U_x}{R_2}(U_x\ \text{是被测直流电压})$$

将电流的刻度做相应换算(把电流值乘以 R_2),就得到了被测直流电压的值。

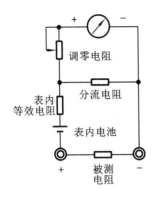

图Ⅰ-4 电阻测量电路　　　　　图Ⅰ-5 直流电流测量电路

R_2 也称倍增电阻,改变 R_2 的阻值,就可以得到不同测量范围(挡位)的直流电压值。

④ 交流电压测量工作原理。

在图Ⅰ-3中,将转换开关 SA 拨到"V"挡,将被测交流电压(相当于交流电源)接入到红、黑表笔两端,这样就构成了交流电压测量电路,电路见图Ⅰ-7。图Ⅰ-7中的倍增电阻(就是图Ⅰ-3中的 R_3)和二极管构成了串联半波整流电路,将交流信号转换成直流信号,这样就可以根据直流电压测量的方法来测量交流电压了。因为交流电压在一个周期里有正负电压之分,通过半波整流电路测量出来的交流电压幅值只有全波整流的一半,根据这一特点,为了测量的方便,将半波整流电路测量出来的电压幅值乘以 2 就换算成被测交流电压经全波整流后的电压幅值,这一变化只需在刻度上做相应的改变就可以准确得到交流电压的幅值了;同时改变倍增电阻的阻值,就可以得到不同测量范围(挡位)的交流电压值了。

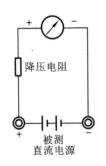
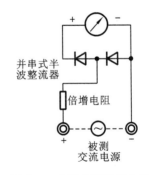

图Ⅰ-6 直流电压测量电路　　　　　图Ⅰ-7 交流电压测量电路

(二)装配过程

1. 清理套件。

TY360 型指针万用表的套件见图Ⅰ-8。

(1) 清理套件时要注意事项。

① 记清每个元件的名称与外形,并与材料清单一一对应。

② 打开时请小心,不要将塑料袋撕破,以免材料丢失。

③ 清点完后请将材料放回塑料袋备用。

④ 弹簧和钢珠一定不要丢失。

图Ⅰ-8　TY360型指针万用表的套件

(2) 套件清单。

元器件清单分两部分:一部分是结构件清单,另一部分是元器件清单。

① 结构件清单见表Ⅰ-2。

表Ⅰ-2　TY360型指针万用表套件结构件清单

名　称　规　格	单位	数量	名　称　规　格	单位	数量
面板+表头	块	1	表笔插座接线柱	个	2
后盖	个	1	单引线焊片	个	2
挡位旋钮	个	1	弹簧	个	1
印制电路板	块	1	十字螺钉	个	4
挡位电刷	个	1	1.5 V电池夹片	个	4
调零旋钮	个	1	熔丝架	个	2
钢珠	个	1	铭牌	张	1
表笔(红、黑)	付	1	V形电刷	片	1

② 元器件清单见表Ⅰ-3。

表Ⅰ-3　TY360型指针万用表套件元器件清单

序号	名　称	规　格	单位	数量	备　注
1	二极管	IN4007	支	4	D_1、D_2、D_3、D_4
2	电容	10 μF/16 V	支	1	C_1

续表

序号	名称	规格	单位	数量	备注
3	熔丝	0.5～1 A	支	1	BX
4	蜂鸣器	3 V	支	1	
5	电阻	2.3 Ω	支	1	R_1
6	电阻	0.59 Ω	支	1	R_2
7	电阻	12 Ω	支	1	R_3
8	电阻	125 Ω	支	1	R_4
9	电阻	22 kΩ	支	1	R_5
10	电阻	75 kΩ	支	1	R_6
11	电阻	400 kΩ	支	1	R_7
12	电阻	2 MΩ	支	1	R_8
13	电阻	7.5 MΩ	支	1	R_9
14	电阻	3.38 MΩ	支	1	R_{10}
15	电阻	1.12 MΩ	支	1	R_{11}
16	电阻	220 kΩ	支	1	R_{12}
17	电阻	41 kΩ	支	1	R_{13}
18	电阻	14 kΩ	支	1	R_{14}
19	电阻	2.22 kΩ	支	1	R_{15}
20	电阻	202 Ω	支	1	R_{16}
21	电阻	19 Ω	支	1	R_{17}
22	电阻	56 Ω	支	1	R_{18}
23	电阻	4.8 kΩ	支	1	R_{19}
24	电阻	13 kΩ	支	1	R_{20}
25	电阻	750 Ω	支	1	R_{21}
36	电阻	9.6 Ω	支	1	R_{22}
27	电位器	4.7 kΩ	个	1	WH_1
28	电位器	1 kΩ	个	1	WH_2
29	发光二极管	红色	支	1	LED

（3）元器件识别。

TY360型指针万用表的套件外形见图Ⅰ-9。

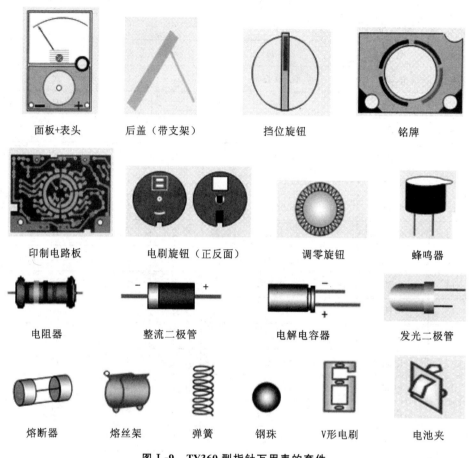

图Ⅰ-9　TY360型指针万用表的套件

2．元器件检测。

（1）表头。

第一，水平方向转动表头，指针应无卡轧现象，停止转动后应回到原来的位置，若原来在零位上，应基本上仍回零位，偏离不能超过半格。第二，水平方向使指针点头，点头幅度太大表示轴承螺丝太松，一点儿也不点头表示轴承螺丝太紧，稍微有些点头表示松紧适度。第三，分别将表头竖立、斜立、倒立，看指针是否偏离原来的位置，偏离不超过一格可以认为其平衡性能符合要求。第四，通电检测：万用表头的电路参数指标主要有灵敏度I_g和内阻R_g，因其I_g、R_g均较小，在简易测量时可在表头串联一大电阻，用万用表的电阻挡来观察表针的偏转情况，计算其R_g值。切忌用电阻挡直接接表头两端来测量其内阻，以免损坏表头。

(2) 熔丝。

熔丝的主要作用是保护万用表。在过流时要及时熔断,以降低万用表的损坏率。其在正常情况下表现为一阻值极小的电阻,用万用表电阻挡测,其阻值近似为零即为合格。

(3) 二极管。

二极管是一种具有单向导电性的半导体器件,我们可利用这一特点用万用表的电阻挡对二极管进行正、负极及性能的判别。用万用表的红、黑表笔分别接二极管的两端,然后再对调表笔测量一次;若两次结果为一次阻值小,一次阻值很大,则此二极管是好的,且阻值小时黑表笔所接端为二极管的正极,红表笔接的为二极管的负极。两次阻值的差值越大,二极管的性能越好。

(4) 电容器。

测量时主要检查其容量、绝缘阻值。用"R×1 K"挡,在测小电容量时,呈现为开路。当电容量较大时,我们可以看到表针回摆,然后又转向∞处,此为电容器的充电过程。容量越大,此现象越明显。在测量电解电容器时应注意极性,黑表笔接电容器"+"极,开始呈现一定阻值,最后变为∞,则认为其合格。

(5) 电阻器。

① 标称阻值和误差:对每一个电阻器都要检测其标称阻值的误差,首先按照阻值的标示法读出其阻值及误差,然后用标准万用表电阻挡选择合适的量程,测量电阻器的实际阻值,若实际阻值与标称阻值的相对误差在电阻器的标示误差范围内即为合格。反之,若误差超过规定值,则为不合格品,予以剔除。

② 功率要求:常用电阻的功率为 0.125 W,对电阻 $R2$,因其通过的电流较大,所以一定要选择功耗大于 0.5 W 以上电阻。

3. 元器件插装。

(1) 元器件插装要求。

① 元器件在印制电路板上插装的顺序是先低后高,先小后大,先轻后重,先易后难,先一般元器件后特殊元器件,且上道工序安装后不能影响下道工序的安装。

② 元器件插装后,其标志应向着易于认读的方向,并尽可能从左到右的顺序读出。

③ 有极性的元器件极性应严格按照图样上的要求安装,不能错装。

④ 元器件在印制电路板上的插装应分布均匀,排列整齐美观,不允许斜排、立体交叉和重叠排列;不允许一边高、一边低,也不允许引脚一边长、一边短。

(2) 电子元件插装前引线处理与整形。

① 电子元件插装前引线处理主要是清除元件表面的氧化层。方法是:左手捏住电阻器或其他元件的本体,右手用锯条轻刮元件脚的表面,左手慢慢地转动,直到表面氧化层全部去除为止。

② 电子元件插装前引线整形是指电子元件在插装到印制电路板上时,为了使

元器件的安装尺寸满足印制电路板上插孔尺寸的要求,必须事先对元件的引脚进行整形。

方法是: 用镊子夹住元件根部,将元件脚弯制成形,具体操作示意图见图Ⅰ-10。

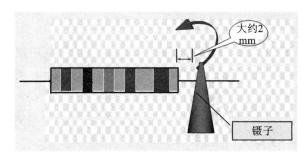

图Ⅰ-10　元件管脚整形操作示意图

(3) TY360型指针万用表元件插装后的正面整体效果图如图Ⅰ-11所示。

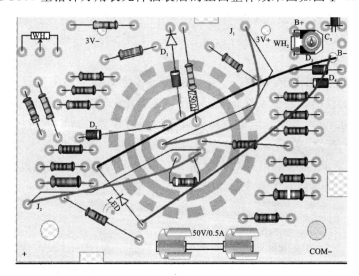

图Ⅰ-11　TY360型指针万用表元件插装后的正面整体效果图

4. 元器件焊接。

(1) 焊接工具。

① 烙铁　烙铁是焊接的基本工具,由烙铁头、烙铁芯和手柄组成。烙铁按结构分外热式和内热式,按功率分有20 W、25 W、30 W、45 W、75 W、100 W、200 W等,烙铁头也有各种形状。烙铁的握法有握笔式和拳握式,见图Ⅰ-12。握笔式一般使用小功率直头电烙铁,适合焊接线路板和中、小焊点,拳握式一般使用大功率弯头电烙铁,适合焊接线路板和大焊点。

② 吸锡器　吸锡器(见图Ⅰ-13)实际是一个小型手动空气泵,压下吸锡器的压杆,就排出了吸锡器腔内的空气;释放吸锡器压杆的锁钮,弹簧推动压杆迅速回

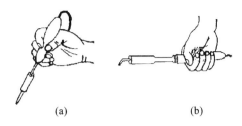

图Ⅰ-12 烙铁的握法示意图

(a) 握笔式 (b) 拳握式

图Ⅰ-13 吸锡器的结构示意图

到原位,在吸锡器腔内形成空气的负压力,就能够把熔融的焊料吸走。

③ 热风枪 热风枪(见图Ⅰ-14)是用于拆焊贴片电子元器件的工具,它专门用于表面贴片安装电子元器件(特别是多引脚的 SMD 集成电路)的焊接和拆卸。

图Ⅰ-14 热风枪的结构示意图

(2) 焊接材料。

① 焊料 能熔合两种或两种以上的金属,使之成为一个整体的易熔金属或合金都称焊料。常用的锡铅焊料中,锡占 62.7%,铅占 37.3%。这种配比的焊锡熔点和凝固点都是 183℃,可以由液态直接冷却为固态,不经过半液态,焊点可迅速凝固,缩短焊接时间,减少虚焊,该点温度称为共晶点,该成分配比的焊锡称为共晶焊锡。共晶焊锡具有低熔点、熔点与凝固点一致、流动性好、表面张力小、润湿性好、强度高、焊点能承受较大的拉力和剪力、导电性能好的特点。

② 助焊剂 助焊剂是一种焊接辅助材料,其作用是去除氧化膜并防止氧化,减小表面张力,使焊点美观。

常用的助焊剂有松香,松香酒精助焊剂,焊膏,氯化锌助焊剂,氯化铵助焊剂等。

焊接时常采用中心夹有松香、锡含量为61%的焊锡丝,也称为松香焊锡丝。

(3) 手工烙铁锡焊的基本步骤。

手工烙铁焊接时,一般应按准备、加热、加锡、移开焊锡、移开烙铁五个步骤进行(简称五步操作法),详情如图Ⅰ-15所示。

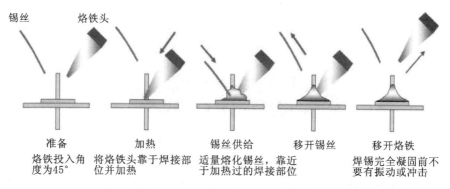

图Ⅰ-15 手工焊接五步操作示意图

① 准备 将被焊件、烙铁、焊锡丝、烙铁架等准备好,并放置于便于操作的地方。焊接前要先将加热到能熔锡的烙铁头放在松香或蘸水海绵上轻轻擦拭,以去除其上的氧化物残渣;然后把少量的焊料和助焊剂加到清洁的烙铁头上,也就是常说的让烙铁头吃上锡,使烙铁随时处于可焊接状态。

② 加热 将烙铁头放置在被焊件的焊接点上,使焊接点升温。烙铁头上带有少量焊料(在准备阶段时带上),可使烙铁头的热量较快传到焊点上。

③ 加锡 将焊接点加热到一定温度后,用焊锡丝触到焊接件处,熔化适量的焊料。注意,焊锡丝应从烙铁头的对称侧加入到被加热的焊接点处,而不是直接将焊锡加在烙铁头上。

④ 移开焊锡丝 当焊锡丝适量熔化后,迅速移开焊锡丝。控制焊锡量的多少非常重要,要在熔化焊料时注意观察和控制。

⑤ 移开烙铁 当焊接点上的焊料流散接近饱满,助焊剂尚未完全挥发,也就是焊接点上的温度适当、焊锡最光亮、流动性最强的时刻,迅速拿开烙铁头。移开烙铁头的时机、方向和速度,决定着焊接点的焊接质量。正确的方法是先慢后快,烙铁头沿45°方向移动,并在将要离开焊接点时快速往回一带,然后迅速离开焊接点,检查焊接质量。

完成以上锡焊各步骤,一般在3~5 s,对于小元件和集成电路引脚的焊接时间甚至更短。这需要在装配实践中熟练掌握和细心体会其操作要领,达到熟能生巧。

对于初学焊接者,要特别指出的是:锡焊接是用烙铁加热被焊元件和焊锡,使焊锡熔化将被焊元件和电路焊接在一起,不是用烙铁将熔化的焊锡像泥工弄水泥一样将元件黏在印制电路板上。

(4)焊接质量检查。

焊接质量检查的要点如下。

① 元器件不得有错装、漏装、错连和歪斜松动等。

② 元件面应渗锡均匀,焊点应吃锡饱满,无毛刺、针孔、气泡、裂纹、挂锡、拉点、漏焊、碰焊、虚焊等缺陷。

③ 焊点的表面应光洁且应包围引线360°,焊料适量,最多不得超过焊盘外缘,最少不应少于焊盘面积的80%。

④ 导线和元器件引脚离焊点面长度为1~1.5 mm。

⑤ 焊接后印制电路板上的金属件表面应无锈蚀和其他杂质。

⑥ 经焊接后的印制电路板不得有斑点、裂纹、气泡、发白等现象,铜箔及涂覆层不得脱落、不起翘、不分层。

⑦ 焊接完毕后,清理焊点处的焊料,包括印制电路板上发黑的助焊剂残留,锡渣、锡球等。

手工焊接常见的不良现象及原因详见表Ⅰ-4。

表Ⅰ-4 手工焊接常见不良现象及原因

焊点缺陷	外观特点	危害	原因分析
虚焊	焊锡与元器件引脚和铜箔之间有明显黑色界限,焊点凹陷	设备时好时坏,工作不稳定	元器件引脚未清洁好、未镀好锡或锡已氧化;印制电路板未清洁好,喷涂的助焊剂质量不好
焊料过多	焊点表面向外凸出	浪费焊料,可能包藏缺陷	焊丝撤离过迟
焊料过少	焊点面积小于焊盘面积的80%,焊料未形成平滑的过渡面	强度不足	焊锡流动性差或焊锡撤离过早;助焊剂不足;焊接时间太短
过热	焊点发白,表面较粗糙,无金属光泽	焊盘强度降低,容易剥落	烙铁功率过大,加热时间过长

续表

焊点缺陷	外观特点	危害	原因分析
冷焊	表面呈豆渣状颗粒，可能有裂纹	强度低，导电性能不好	焊料未凝固前焊件抖动
拉尖	焊点出现尖端	外观不佳，容易造成桥连短路	助焊剂过少而加热时间过长 烙铁撤离角度不当
桥连	相邻导线连接	电气短路	焊锡过多 烙铁撤离角度不当
铜箔翘起	铜箔从印制电路板上剥离	印制电路板已损坏	焊接时间太长，温度过高

对上述所有不良焊点，全部都要进行重新焊接或处理，这样才能确保装配的万用表才能正常使用。

(5) 机械部分安装。

① 电刷旋钮的安装　取出弹簧和钢珠，并将其放入凡士林（或润滑油）中，使其黏满凡士林。加凡士林有两个作用：使电刷旋钮润滑，旋转灵活；起黏附作用，将弹簧和钢珠黏附在电刷旋钮上，防止其丢失。

将加上凡士林的弹簧放入电刷旋钮的小孔中（见图Ⅰ-16），钢珠黏附在弹簧的上方，注意切勿丢失。

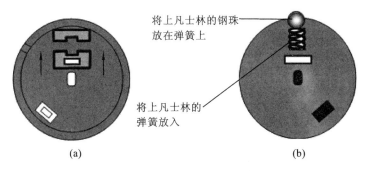

图Ⅰ-16 电刷旋钮钢珠弹簧安装示意图

(a) 正面 (b) 反面

将电刷旋钮平放在面板上(注意电刷放置的方向),用螺丝刀轻轻顶,使钢珠卡入花瓣槽内(小心滚落),然后手指均匀用力将电刷旋钮卡入固定卡,详见见图Ⅰ-17。

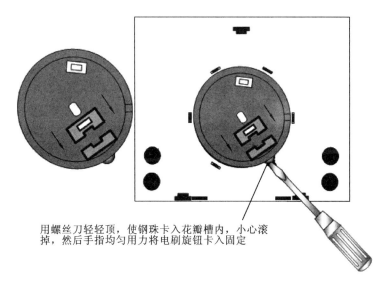

用螺丝刀轻轻顶,使钢珠卡入花瓣槽内,小心滚掉,然后手指均匀用力将电刷旋钮卡入固定

图Ⅰ-17 电刷旋钮的安装

将面板翻到正面(见图Ⅰ-18),挡位开关旋钮轻轻套在突出的轴柄上,慢慢转动旋钮,检查电刷旋钮是否安装正确,应能听到"咔嗒""咔嗒"的定位声,如果听不到,则可能钢珠丢失或掉进电刷旋钮与面板间的缝隙,这时挡位开关无法定位,应拆除重装。

② V形电刷的安装 V形电刷虽然经淬火后弹性增强,但是印制电路板在安装过程中却因多种原因和V形电刷之间不能紧密接触,容易造成接触不良,影响万用表的正常使用。这时需要对V形电刷进行处理,具体方法是:将V形电刷按图Ⅰ-19所示,剪两个缺口,然后按照图Ⅰ-20所示,将V形电刷安装到电刷旋钮转

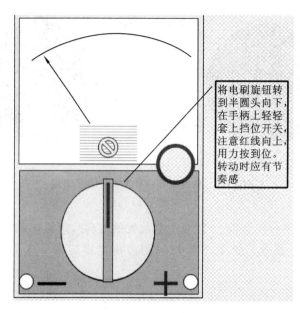

图Ⅰ-18 挡位开关旋钮安装示意图

盘固定位置处。安装后可以看到,V形电刷只有一边卡在安装槽中,另外一边就会微微翘起,这样就相当于提高了V形电刷的高度,使V形电刷和印制电路板之间紧密接触。

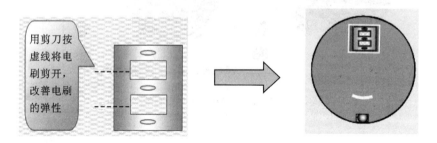

图Ⅰ-19 V形电刷裁剪示意图　　　　图Ⅰ-20 V形电刷安装示意图

③ 电路板的安装　电刷安装正确后就可安装电路板。

安装电路板前先应检查电路板焊点的质量及高度,特别是在外侧两圈轨道中的焊点不能太大,否则会影响旋钮转动。

电路板用三个固定卡固定在面板背面,将电路板水平放在固定卡上,依次卡入即可。如果要拆下重装,则要依次轻轻扳动固定卡。注意:在安装电路板前,先应将表头连接线焊上。

最后是装电池和后盖,装后盖时左手拿面板,稍高,右手拿后盖,稍低,将后盖从向上推入面板,拧上螺钉,注意拧螺钉时用力不可太大或太猛,以免将螺孔拧坏。

(三) 调试

1. 装配过程中的调试。

在万用表装配完毕后,将表头正极引线焊接到电路板指定位置处(负极引线暂时不焊),将数字万用表挡位旋转到"×20 K"位置处,调节图Ⅰ-21中的WH2,让WH2和表头两元件串联支路(见图Ⅰ-21)的电阻为2.5 kΩ,然后将表头负极引线焊接到电路板指定位置处,这样表头就可以正常使用了(之所以要调到2.5 kΩ,是因为万用表的电路参数在设计时,此处的阻值设定的是2.5 kΩ,但是因为WH2和表头的电阻都不是固定的,所以装配时就需要调整到位)。

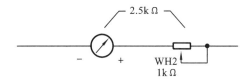

图Ⅰ-21 WH2调整示意图

2. 装配完毕后的调试。

(1) 首先查看自己组装的万用表的指针是否对准零刻度线,如果没有对准,则进行机械调零。然后装入两节1.5 V的5号电池。

(2) 挡位开关旋钮打到蜂鸣器挡,在万用表的正面插入表笔,然后将它们短接,听是否有鸣叫的声音。如果没有,则说明安装的蜂鸣器线路有问题。

(3) 挡位开关旋钮打到电阻挡的各个量程,分别将表笔短接,然后调节电位器旋钮,观察指针是否能够指到零刻度线。

(4) 挡位开关旋钮打到直流电压2.5 V挡,用表笔测量1节1.5 V的电池,在表盘上观察指针的偏转是否正确。

(5) 挡位开关旋钮打到交流电压250 V挡,用表笔测量插座上的交流电压。

(6) 挡位开关旋钮打到"×10 K"电阻挡,测量一个6.75 MΩ的电阻。

(7) 依次检测其他量程的电阻挡。

如果有标准的万用表,则可以将测量值进行比较,各挡检测符合要求后,即可投入使用。

(四) 万用表使用过程中的注意事项

1. 测量时不能用手触摸表笔的金属部分,以保证安全和测量准确性。测电阻值时如果用手捏住表笔的金属部分,会将人体电阻并接于被测电阻而引起测量误差。

2. 测量直流量时注意被测量的极性,避免指针反偏打坏表头。

3. 不能带电调整挡位或量程,避免电刷的触点在切换过程中产生电弧而烧坏电路板或电刷。

4. 测量完毕后应将挡位开关旋钮打到交流电压最高挡或空挡。

5. 不允许测量带电的电阻器,否则会烧坏万用表。

6. 表内电池的正极与面板上的"－"插孔(黑表笔)相连,负极与面板"＋"插孔(红表笔)相连,如果不用时应将电池取出,防止两表笔短接会使电池很快放电并流出电解液,腐蚀万用表。

7. 在测量电解电容器和晶体管等器件的阻值时要注意极性。

8. 电阻挡每次换挡都要进行调零。

9. 不允许用万用表电阻挡直接测量高灵敏度的表头内阻,以免烧坏表头。

10. 一定不能用电阻挡测电压,否则会烧坏熔断器或损坏万用表。

实训项目Ⅱ　HX108 收音机组装

一、实训目的

通过对一只正规产品收音机的安装、焊接、调试,了解电子产品的装配全过程,训练动手能力,掌握元器件的识别,简易测试,以及整机调试工艺。

二、实训要求

1. 对照原理图讲述整机工作原理。
2. 对照原理图看懂装配接线图。
3. 了解图上符号,并与实物对照。
4. 根据技术指标测试各元器件的主要参数。
5. 认真细致地安装焊接,排除安装焊接过程中出现的故障。

三、时间安排

本次实训时间安排为一周(30 学时)。

四、实训内容

(一) 实训准备

1. 产品简介。

HX108 收音机(见图Ⅱ-1)为七管中波调幅袖珍式半导体收音机,采用全硅管标准二级中放电路,用两只二极管正向压降稳压电路,稳定从变频、中频到低放的工作电压,不会因为电池电压降低而影响接收灵敏度,使收音机仍能正常工作。本机体积小巧,外观精致,便于携带。

2. 技术指标。

频率范围:525~1605 kHz

中频频率:465 kHz

灵敏度:$S \leqslant 2$ mV/m,$S/N \leqslant 20$ dB

扬声器:$\phi 57$ mm,8 Ω

输出功率:50 mW

电源:3 V(2 节 5 号电池)

图Ⅱ-1　HX108型收音机外形图

3．工作原理。

(1) 工作方框图(见图Ⅱ-2)。

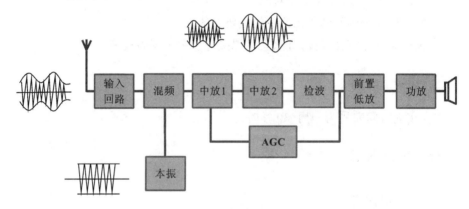

图Ⅱ-2　HX108收音机组成方框图

(2) 工作原理图(见图Ⅱ-3)。

(3) 工作原理。

当调幅信号感应到 B_1 及 C_1 组成的天线调谐回路,选出我们所需的电信号 f_1 进入 V_1(9018)三极管基极;本振信号调谐在高出 f_1 频率一个中频的 f_2(f_1+465 kHz),例:f_1=700 kHz 则 f_2=(700+465) kHz=1165 kHz 进入 V_1 发射极,由 V_1 三极管进行变频,通过 B_3 选取出 465 kHz 中频信号经 V_2 和 V_3 二级中频放大,进入 V_4 检波管,检出音频信号经 V_5(9014)低频放大和由 V_6、V_7 组成功率放大器进行功率放大,推动扬声器发声。图Ⅱ-3中 D_1、D_2(IN4148)组成 1.3 V±0.1 V 稳压,固定变频、中放1、中放2、低放的基极电压,稳定各级工作电流,以保持灵敏度。由 V_4(9018)三极管 PN 结用作检波。R_1、R_4、R_6、R_{10} 分别为 V_1、V_2、V_3、V_5 的工作点调整电阻,R_{11} 为 V_6、V_7 功放级的工作点调整电阻,R_8 为中放的 AGC 电

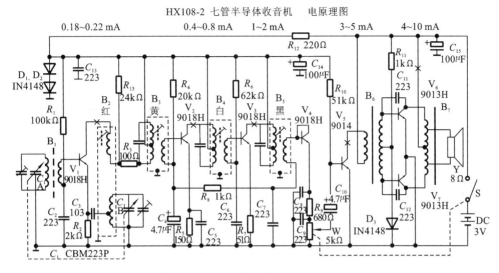

图Ⅱ-3 HX108型收音机工作原理图

阻，B_3、B_4、B_5为中周（内置谐振电容），既是放大器的交流负载又是中频选频器，该机的灵敏度、选择性等指标靠中频放大器保证。B_6、B_7为音频变压器，起交流负载及阻抗匹配的作用。

（二）装配前的准备工作及元器件检测

1. 按元件清单清点分类（见表Ⅱ-1）。

表Ⅱ-1 HX108型收音机元器件清单

序号	名称	型号规格	序号	名称	型号规格
电阻器			电容器		
R_1	电阻器	100 kΩ	C_1	双联电容器	CBM-223 P
R_2	电阻器	2 kΩ	C_2	瓷片电容器	223(0.022 μF)
R_3	电阻器	100 Ω	C_3	瓷片电容器	103(0.01 μF)
R_4	电阻器	20 kΩ	C_4	电解电容器	4.7 μF
R_5	电阻器	150 Ω	C_5	瓷片电容器	223(0.022 μF)
R_6	电阻器	62 kΩ	C_6	瓷片电容器	223(0.022 μF)
R_7	电阻器	51 Ω	C_7	瓷片电容器	223(0.022 μF)
R_8	电阻器	1 kΩ	C_8	瓷片电容器	223(0.022 μF)
R_9	电阻器	680 Ω	C_9	瓷片电容器	223(0.022 μF)
R_{10}	电阻器	51 kΩ	C_{10}	电解电容器	4.7 μF
R_{11}	电阻器	1 kΩ	C_{11}	瓷片电容器	223(0.022 μF)

续表

序号	名称	型号规格	序号	名称	型号规格
R_{12}	电阻器	220 Ω	C_{12}	瓷片电容器	223(0.022 μF)
R_{13}	电阻器	24 kΩ	C_{13}	瓷片电容器	223(0.022 μF)
R_P	电位器	5 kΩ(带开关)	C_{14}	电解电容器	100 μF
晶体管			C_{15}	电解电容器	100 μF
D_1	二极管	IN4148	电感器		
D_2	二极管	IN4148			
D_3	二极管	IN4148	B_1	天线线圈	含输入、输出
V_1	三极管	9018(低 β)	B_2	振荡线圈	红
V_2	三极管	9018	B_3	中周	黄
V_3	三极管	9018	B_4	中周	白
V_4	三极管	9018	B_5	中周	黑
V_5	三极管	9014	B_6	输入变压器	蓝
V_6	三极管	9013	B_7	输出变压器	红
V_7	三极管	9013			
其他元件			其他元件		
	磁棒			电位器拨盘	
	收音机前盖			磁棒支架	
	收音机后盖			印制电路板	
	刻度尺、音窗			电路图及说明	
	双联拨盘			电池正负极簧片	

2. 收音机元器件识别与检测。

(1) 电阻器。

① 电阻器的识别　电阻器的识别见图Ⅱ-4。

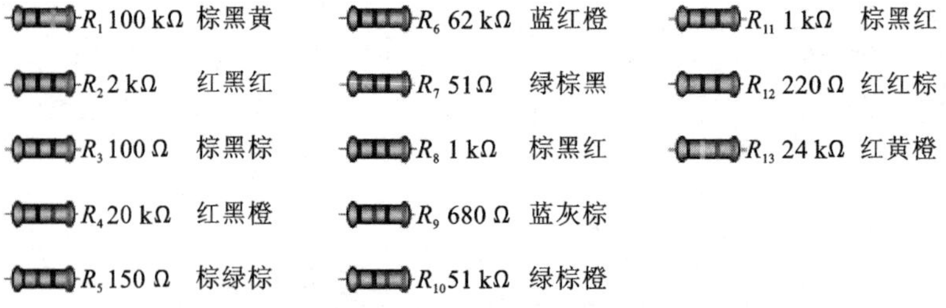

R_1 100 kΩ　棕黑黄　　R_6 62 kΩ　蓝红橙　　R_{11} 1 kΩ　棕黑红

R_2 2 kΩ　红黑红　　R_7 51 Ω　绿棕黑　　R_{12} 220 Ω　红红棕

R_3 100 Ω　棕黑棕　　R_8 1 kΩ　棕黑红　　R_{13} 24 kΩ　红黄橙

R_4 20 kΩ　红黑橙　　R_9 680 Ω　蓝灰棕

R_5 150 Ω　棕绿棕　　R_{10} 51 kΩ　绿棕橙

图Ⅱ-4　电阻器对照图

② 电阻器的检测 首先根据色环初步读出每个电阻器的阻值(颜色数值对照参见表Ⅱ-2),然后根据阻值大小判断选择万用表的量程,进而准确测量出其阻值(要求阻值误差在色环标注的误差范围之内),如果阻值相差太大就说明该电阻器已不能使用,要用相同电阻器替换。

表Ⅱ-2 电阻颜色数值对照表

颜色	棕	红	橙	黄	绿	蓝	紫	灰	白	黑	金	银	无色
阻值/误差	1	2	3	4	5	6	7	8	9	0	±5%	±10%	±20%

(2)电容器。

① 电容器的识别 电容器的识别见图Ⅱ-5。

② 电容器的检测 用万用表电阻挡观察电解电容器的充放电现象,检测是否有短路、断路及漏电现象,并通过数字变换的快慢大致判断电容器容量的大小;另外,对于电解电容器,还要进一步判断其正负极。

(3)二极管。

① 二极管的识别 二极管元件识别见图Ⅱ-6。

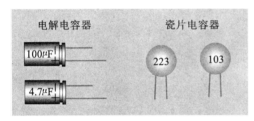

图Ⅱ-5 电容元件对照图   图Ⅱ-6 二极管元件对照图

② 二极管元件检测 将数字万用表旋转至二极管专用测试挡位(有二极管符号),用红黑两笔任意接二极管两极,如屏幕显示 0.xxx(此数字表示的是二极管正向导通时的 PN 的电压),则红笔接的是阳极,黑笔是阴极;如屏幕显示为"1",则红笔接的是阴极,黑笔是阳极。如果二极管正反向显示都是"1",则表明该二极管已断路;如果二极管正反向显示都是"0",则表明该二极管已短路。断路、短路都表明该二极管已损坏,不能正常使用。

(4)三极管。

① 三极管的识别 三极管元件识别见图Ⅱ-7,三极管管脚封装见图Ⅱ-8。

② 三极管元件检测 用数字万用表测试三极管一般先用二极管专用测试挡位,判断出三极管的基极,然后再判断其管型。对 NPN 型管,基极是公共正极;对 PNP 型管,基极则是公共负极。

集电极和发射极的判别方法如下。

在判断出基极的前提下,先假定剩余两脚中一脚为集电极,另一脚为发射极,然后将数字万用表挡位旋至 $\beta(h_{FE})$ 挡位处,把三个管脚分别插入到对应的插孔中,

图Ⅱ-7 三极管元件对照图

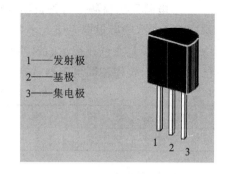

图Ⅱ-8 三极管元件管脚封装图

记录数据;再将c、e孔中的管脚对调测量,比较两次数据,β数值大的说明管脚假定正确,那么对应的管脚就是正确的b、c、e。

（5）检测带开关的电位器。

① 电位器的识别　电位器识别见图Ⅱ-9,电位器管脚见图Ⅱ-10。

图Ⅱ-9　电位器识别图

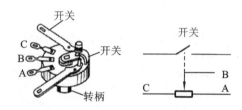

图Ⅱ-10　电位器管脚示意图

② 电位器的检测　测量时,选用万用表电阻挡的适当量程,将两表笔分别接在电位器两个固定引脚焊片之间(图Ⅱ-10中的A、C),先测量电位器的总阻值是否与标称阻值相同。若测得的阻值为无穷大或较标称阻值大,则说明该电位器已开路或变值损坏。然后再将两表笔分别接电位器滑动端(图Ⅱ-10中的B端)与两个固定端中的任一端,慢慢转动电位器手柄,使其从一个极限位置旋转至另一个极限位置,正常的电位器,万用表表针指示的阻值应从标称阻值(或0Ω)连续变化至0Ω(或标称阻值)。整个旋转过程中,表针应平稳变化,而不应有跳动现象。若在调节阻值的过程中表针有跳动现象,则说明该电位器存在接触不良的故障。

因收音机中的音量调节电位器还带有开关,为了检查开关是否灵活,先旋转电位器轴柄,接通、断开时听听是否有清脆的"咔哒"声,如果有就说明开关是灵活的,否则就是有接触故障,要及时更换。

（6）变压器。

① 中周、变压器识别见图Ⅱ-11。

② 中周、变压器检测　将万用表挡位旋转至"R×1"挡,按照中周、变压器线圈各绕组引脚排列规律,逐一检查各绕组的通断情况,进而判断其是否正常。然后检

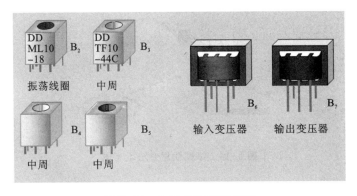

图Ⅱ-11 中周、变压器识别图

测中周、变压器的绝缘性能,将万用表挡位旋转至"R×10 K"挡,测试一次侧绕组与二次侧绕组之间的电阻值、一次侧绕组与外壳之间的阻值、二次侧绕组与外壳之间的阻值,测试结果分出现三种情况:阻值为无穷大,表示正常;阻值为零,表示有短路性故障;阻值小于无穷大,但大于零,表示有漏电性故障。

(7) 天线线圈。

① 天线线圈识别见图Ⅱ-12。

② 天线线圈检测 首先要判断天线线圈的初级和次级。从图Ⅱ-13所示的天线线圈结构可以知道,初级线圈的匝数比次级线圈匝数要多很多,所以就有R_{ab}比R_{cd}要大很多,将万用表挡位旋转至"R×1"挡,测出R_{ab}、R_{cd}的阻值,就可以知道初级、次级线圈了。

图Ⅱ-12 天线线圈识别图

图Ⅱ-13 天线线圈结构示意图

然后判断天线线圈是否有故障。判断天线线圈是否有故障还是要通过阻值的大小去判断,一般情况下,R_{ab}是几十欧姆,R_{cd}只有零点几欧姆。

(三) 焊接

装配工作中,焊接技术很重要。收音机元件的安装主要利用锡焊,它不但能固定零件,而且能保证可靠的电流通路。焊接质量的好坏将直接影响收音机的质量。

1. 焊接工具。

烙铁是焊接的主要工具之一,焊接收音机应选用30~35 W的电烙铁,使用要配备烙铁架和带水的海绵块,烙铁使用示意图见图Ⅱ-14。

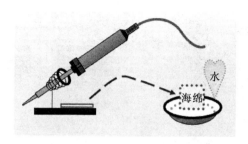

图Ⅱ-14　烙铁使用方法示意图

2．焊接方法。

一般采用直径 1.2～1.5 mm 的焊锡丝，焊接时左手拿锡丝，右手拿烙铁，在烙铁接触焊点的同时送上焊锡，焊锡的量要适量，太多易引起搭焊短路，太少元件又不牢固。烙铁焊接过程示意图见图Ⅱ-15。

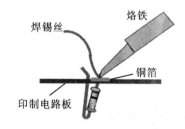

图Ⅱ-15　烙铁焊接示意图

3．焊接注意事项。

（1）焊接时应让烙铁头加热到温度高于焊锡溶点，并掌握正确的焊接时间。一般不超过 3 s。时间过长会使印制电路板铜箔跷起，损坏电路板及电子元器件。

（2）焊接时不可将烙铁头在焊点上来回移动或用力下压，要想焊得快，应加大烙铁和焊点的接触面。

（3）特别需要注意的是：烙铁温度过低、焊点接触时间太短，会使烙铁热量传递不足，容易使焊点锡面不光滑，结晶粗脆，像豆渣一样，焊点不仅不牢固，而且很容易形成虚焊和假焊；反之，烙铁温度过高，焊锡易流散，使焊点锡量不足，也容易不牢，还可能出现烫坏电子元件及印制电路板。总之焊锡量要适中，焊点零件脚全部浸没，焊点常见问题见图Ⅱ-16。

图Ⅱ-16　焊点常见问题示意图

（4）焊点焊好后，拿开烙铁，焊锡还不会立即凝固，应稍停片刻等焊锡凝固，如未凝固前移动焊接件，焊锡会凝成砂状，造成附着不牢固而引起假焊。

（5）焊接结束后，首先检查一下有没有漏焊、搭焊及虚焊等现象。虚焊是比较难以发现的毛病。造成虚焊的因素很多，检查时可用尖头钳或镊子将每个元件轻轻地拉一下，看看是否摇动，发现摇动应补焊。

4．元件焊接顺序。

（1）电阻器、二极管。

（2）瓷片电容。

（3）晶体三极管。

（4）中周、输入输出变压器。

（5）电位器、电解电容器。

（6）双联、天线线圈。

（7）电池夹引线、扬声器引线。

（8）将双联 CBM-223 P 安装在印制电路板正面，将天线组合件上的支架插在印制电路板反面双联上，然后用 2 只 M2.5×5 螺钉固定，并将双联引脚超出电路板部分弯脚后焊牢，剪去多余部分。

（9）天线线圈。

（10）将带开关的电位器焊接在电路板指定位置。

特别提示：

每次焊接完一部分元件后，都要检查一遍焊接质量，看是否有错焊、漏焊，发现问题及时纠正，这样可保证焊接收音机的一次成功而进入下道工序。

（四）检查与测试

1．检查。

收音机元件焊接结束后，请检查元件有无装错位置，焊点有否脱焊、虚焊、漏焊，所焊元件有无短路或损坏，发现问题要及时处理。焊接结束后印制电路板正反面安装效果见图Ⅱ-17、图Ⅱ-18。

图Ⅱ-17　HX108型收音机正面安装效果图

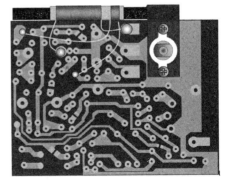

图Ⅱ-18　HX108型收音机反面安装效果图

2. 测试。

(1) 整机测试。

在图Ⅱ-19中找出图Ⅱ-3中标记"×"测试点(打"×"点是测试点,测试时不要焊接,待测试点电流正常后再焊接),用万用表测试该点工作电流,如果测试值都满足表Ⅱ-3要求,即可进行收台试听。

表Ⅱ-3 HX108型收音机测试点电流工作范围表

测 试 点	I_{c1}	I_{c2}	I_{c3}	I_{c5}	I_{c6}
理论值 /mA	0.18~0.22	0.4~0.8	1~2	3~5	4~10
实际测量值 /mA					

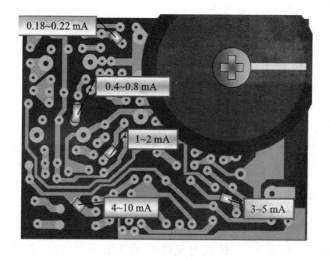

图Ⅱ-19 HX108型收音机整机测试点及电流工作范围

(五) 调试

1. 调试仪器设备。

(1) 稳压电源(3 V/200 mA,或2节5号电池)。

(2) 无感应螺丝刀,没有仪器情况下的调整方法。

2. 调整中频频率。

本套件所提供的中频变压器(中周),出厂时都已调整在465 kHz(一般调整范围在半圈左右),因此调整工作较简单。打开收音机,随便在高端找一个电台,先从B_5开始,然后B_4、B_3,用无感应螺丝刀(可用塑料、竹条或者不锈钢制成)向前顺序调节,调节到声音响亮为止。由于自动增益控制作用,人耳对音响变化不易分辨的缘故,收听本地电台当声音已调节到很响时,往往不易调精确,这时可以改收较弱的外地电台或转动磁性天线方向以减小输入信号,再调到声音最响为止。按上述方法从后向前的次序反复细调二三遍至最佳即告完成。

3. 调整频率范围(对刻度)。

(1) 调低端 在 550~700 kHz 范围内选一下电台。例如中央人民广播电台 640 kHz,参考调谐盘指针在 640 kHz 的位置,调整振荡线圈 B_2(红色)的磁芯,便收到这个电台,并调到声音较大。这样当双联全部旋进容量最大时的接收频率在 525~530 kHz 附近。低端刻度就对准了。

(2) 调高端 在 1400~1600 kHz 范围内选一个已知频率的广播电台,例如 1500 kHz,再将调谐盘指针指在刻度 1500 kHz 这个位置,调节振荡回路中双联顶部左上角的微调电容(图Ⅱ-20 中 C1-B),使这个电台在这位置声音最响。这样,当双联全旋出容量最小时,接收频率必定在 1620~1640 kHz 附近,高端刻度就对准了。

以上(1)、(2)两步需反复二三次,频率刻度才能调准。

4. 统调。

利用最低端收到的电台,调整天线线圈在磁棒上的位置,使声音最响,以达到低端统调。

利用最高端收听到的电台,调节天线输入回路中的微调电容器(图Ⅱ-20 C1-A)使声音最响,以达到高端统调。

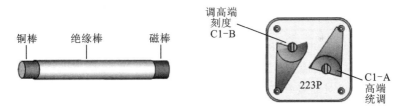

图Ⅱ-20 统调示意图

为了检查是否统调好,可以采用电感量测试棒(铜铁棒)来加以鉴别。其测试方法是:将收音机调到低端电台位置,用测试棒铜端靠近天线线圈(B_1),如声音变大,则说明天线线圈电感量偏大,应将线圈向磁棒外侧稍移,用测试棒磁铁端靠近天线线圈,如果声音增大,则说明线圈电感量偏小,应增加电感量,即将线圈往磁棒中心稍加移动。用铜铁棒两端分别靠近天线线圈,如果收音机声音均变小,说明电感量正好,则电路已获得统调。

(六)组装调整中易出现的问题

1. 变频部分。

判断变频级是否起振,用 MF47 型万用表直流 2.5 V 挡正表笔接 V_1 发射级,负表笔接地,然后用手摸双联振荡(即连接 B_2 端),万用表指针应向左摆动,说明电路工作正常,否则说明电路中有故障。变频级工作电流不宜太大,否则噪声大。红色振荡红圈外壳两脚均应折弯焊牢,以防调谐盘卡盘。

2. 中频部分

中频变压器序号位置搞错,结果是灵敏度和选择性降低,有时有自激。

3. 低频部分

输入、输出位置搞错,虽然工作电流正常,但音量很低,V_6、V_7集电极(c)和发射极(e)搞错,工作电流调不上,音量极小。

(七) HX108-2型外差式收音机故障检修

1. 检测前提。

安装正确、元器件无差处、无缺焊、无错焊及搭焊。

2. 检查要领。

一般由后级向前检测,先检查低功放级,再看中放和变频级。

3. 检测修理方法。

(1) 整机静态总电流测量 本机静态总电流小于或等于 25 mA,无信号时,若大于 25 mA,则该机出现短路或局部短路,无电流则电源没接上。

(2) 工作电压测量 总电压 3 V。

正常情况下,D_1、D_2 两二极管电压在 (1.3 ± 0.7) V,此电压大于 1.4 V 或小于 1.2 V 时,此机均不能正常工作。大于 1.4 V 时,二极管 IN4148 可能极性接反或已坏,检查二极管。

小于 1.3 V 或无电压应检查:

① 电源 3 V 有无接上;

② R_{12} 是否接对或接好;

③ 中周(特别是白中周和黄中周)初级与其外壳短路。

(3) 变频级无工作电流。

检查点:

① 无线线圈次级未接好;

② V_1 三极管已坏或未按要求接好;

③ 本振线圈(红)次级不通,R_3 虚焊或错焊接了大阻值电阻;

④ 电阻器 R_1 和 R_2 接错或虚焊。

(4) 中放 1 无工作电流。

检查点:

① V_2 三极管坏,或管脚插错(e、b、c 脚);

② R_4 电阻器未接好;

③ 黄中周次级开路;

④ C_4 电解电容器短路;

⑤ R_5 开路或虚焊。

(5) 中放 1 工作电流大 1.5～2 mA(标准是 0.4～0.8 mA,见原理图)。

检查点:

① R_8 电阻器未接好或连接的铜箔有断裂现象;

② C_5 电容器短路或 R_5 电阻器错接成 51 Ω;

③ 电位器坏,测量不出阻值,R_9 未接好;

④ 检波管 V_4 坏,或管脚插错。

(6) 中放 2 无工作电流。

检查点:

① 黑中周初级开路;

② 黄中周次级开路;

③ 三极管坏或管脚插错;

④ R_7 电阻器未接上;

⑤ R_6 电阻器未接上。

(7) 中放 2 电流太大,>2 mA。

检查点:R_6 接错,阻值远小于 62 kΩ。

(8) 低放级无工作电流。

检查点:V_5 三极管坏或插错管脚,电阻器 R_{10} 未接好。

(9) 低放级电流太大,>6 mA。

检查点:R_{10} 装错,电阻值太小。

(10) 功放级无电流(V_6、V_7 管)。

检查点:

① 输入变压器次级不通;

② 输出变压器不通;

③ V_6、V_7 三极管坏或插错管脚;

④ R_{11} 电阻器未接好。

(11) 功放级电流太大,>20 mA。

检查点:

① 二极管 D_4 坏,或极性接反,管脚未焊好;

② R_{11} 电阻器装错了,用了小阻值电阻器(远小于 1 kΩ 的电阻器)。

(12) 整机无声。

检查点:

① 检查电源有无加上;

② 检查 D_1、D_2(IN4148;两端是否是 1.3 V±0.1 V);

③ 有无静态电流,≤25 mA;

④ 检查各级电流是否正常,变频级为 0.2 mA±0.02 mA;中放 1 为 0.6 mA

±0.2 mA;

中放 2 为 1.5 mA±0.5 mA;低放为 3～5 mA;功放为 4～10 mA(说明:15 mA 左右属正常);

⑤ 用万用表电阻挡"×1"挡测查扬声器,应有 8 Ω 左右的电阻,表笔接触扬声器引出接头时,应有"喀喀"声,若无阻值或无"喀喀"声,说明扬声器已坏(测量时应将扬声器焊下,不可连机测量);

⑥ B_3 黄中周外壳未焊好;

⑦ 音量电位器未打开。

(13) 整机无声,用 MF47 型万用表检查故障。

用万用表电阻挡"×1"挡,黑表笔接地,红表笔从后级往前寻找,对照原理图,从扬声器开始顺着信号传播方向逐级往前碰触,扬声器应发出"喀喀"声。当碰触到哪级无声时,则故障就在该级,可用测量工作点是否正常,并检查各元器件,有无接错、焊错、搭焊、虚焊等。若在整机上无法查出该元件好坏,则可拆下检查。